筋肉がよろこぶ最高の食べ方

The Diet to Increase Muscle Strength

スポーツ&サイエンス代表
坂詰真二
Shinji Sakazume

宝島社

はじめに　ささみとブロッコリーでは引き締まった体はつくれない！

近年ようやく、体脂肪が増える最大の原因が筋肉の減少にあること、そして食事制限が厳しいほど筋肉の減少に拍車がかかることが認知されるようになり、筋肉づくりの重要な柱、「筋トレ」を行う人が増えてきました。

筋肉を育てるためのもう一本の柱、「食事」についても筋肉を増やすことを意識した、いわゆる筋肉食を実践する人が増えてきました。しかしそれに比例して、行きすぎた筋肉食によって挫折してしまったり、体調を崩す方も増えています。

その典型例が「鶏ささみとブロッコリー」という極端な低糖質、低脂質かつ高タンパクなメニュー。高タンパク食には食欲を抑制する働きもあり、確かに体脂肪は減るでしょう。しかし、私たちの「食事」は果たしてそれでよいのでしょうか？　人間にとって食事は単に栄養を補給する手段ではなく、味、歯ごたえ、見た目、香り、あるいは調理の過程までを楽しみ、それを家族や友人と共有する、日々の大切なイベントでもあるはずです。

過食や飲酒で健康を害するのは不幸なことですが、素晴らしい肉体を得るために毎日同じようなメニューを食べ続ける、家族とは別メニューを個食する、服薬がごとく複数のサプリメントを摂取するさまもまた、幸せには見えません。そもそも「ささみとブロッコリー」は肉体美を競う競技者の短い減量期の食事を切り取ったもの。それ以外の長い増量期には大量のエネルギーを摂取していて、ジャンクフードあるいは揚げ物やスイーツも食べていたりします。彼らの減量期の体はアニメのヒーローのようですが、医学的には栄養失調状態。体調も心理状態も著しく悪化しています。この期間はまた常に食べ物のことばかり考えていて、終了後は反動で過食状態に陥ります。

食事とは健康な心身の基本であり、自然と笑顔がこぼれる幸せな時間であるべき。本書ではこの考え方を踏まえ、無理なく引き締まった体をつくる育筋食のコツ、バラエティ豊かな育筋食のメニュー例、そして外食や中食でもできる育筋食などをご紹介しています。気がつけばできそう、あるいはやりたいと思ったことから少しずつ取り入れてください。気がつけば育筋食が習慣となり、同時に若々しく健康で魅力的な体を手に入れているはずです。

スポーツ&サイエンス代表　坂詰真二

筋肉がよろこぶ最高の食べ方

Contents
もくじ

2章 糖質オフに頼らない食べ方の基本

3章 一生美しい体でいるための食べ方+α

Contents
もくじ

4章 おいしくて筋肉も育つ育筋レシピ

5章 筋肉がよろこぶ外食・中食の選び方

6章 無理なく理想の体をつくる筋トレメニュー

Contents
もくじ

編集協力	鷲頭文子　阪井日向子
調理	落合貴子
撮影	三好宣弘
イラスト	サキザキナリ
本文デザイン・DTP	沖増岳二
カバーデザイン	大場君人
カバー写真	アフロ

1章

なぜ、筋トレよりも まず食事なのか

entry 01

「ダイエットをしたいなら脂肪減よりも筋肉増を目指す」

・有酸素運動は代謝低下につながることも

・食事制限も代謝低下を起こしやすい

・筋肉を増やすと自然と痩せられる

・大切なのは筋肉をつける食事

有酸素運動ではかえって太りやすくなる!?

ダイエット時の運動として、多くの人が取り入れるのがウォーキングやジョギングなどの有酸素運動です。確かに有酸素運動は直接的に体脂肪を燃焼する効果があり、動脈硬化や高血圧などの生活習慣病を予防する優れた運動です。

しかし有酸素運動だけでは、加齢により少しずつ体脂肪が増えて崩れる体形を根本的に改善することはできません。なぜなら体形が崩れる最大の原因は筋肉量の減少にあり、有酸素運動では筋肉がつけられないからです。むしろ一生懸命取り組むことで、脂肪とともに筋肉の分解まで促してしまうことがあるのです。

もちろん食事制限だけで体重を減らそうとするのも間違いです。食事制限によるダイエットでは、有酸素運動以上に筋肉が分解されやすいからです。

筋肉が減ると太りやすくなるのは、省エネボディになってしまうから。人は一日中寝ていたとしても、呼吸をしたり体温を維持したりと、生きるための活動を行っており、エネルギーを消費しています。このエネルギー消費のことを「基礎代謝」といいます。

実は人が一日の中で消費しているエネルギーの6割は基礎代謝であり、運動による消費は2～3割にすぎません。そして基礎代謝の中でも最もエネルギーを使うのが筋肉です。つまり、筋肉がしっかりついていれば、生きているだけでたくさんのエネルギーを消費するようになり、自然と痩せやすくなるのです。

具体的にいうと、筋肉が3kg増えると1日およそ50kcal多くエネルギーを消費することができます。たったそれだけと思うかもしれませんが、1年間になるとトータルで1万8250kcalです。体脂肪は1g7kcal＝1kgで7000kcalですから単純計算すると1万8250kcal÷7000kcalで約2・6kgも体脂肪が減ることになります。結構、大きな数字だと思いませんか？

ですから脂肪を減らすためには、何よりも筋肉をつけていくことが重要なのです。そのために大切なのが食事＋筋力トレーニング。筋肉がつきやすくなる、つまり「育筋」を意識した献立、食事を心がけてください。

パーツ別の安静時代謝量（体重70kgの場合）

臓器・組織	重量（kg）	エネルギー代謝量（kcal/日）	比率（%）
全身	70	1700	100
骨格筋	28	370	22
脂肪組織	15	70	4
肝臓	1.8	360	21
脳	1.4	340	20
心臓	0.3	145	9

※出典/e-ヘルスネット（厚生労働省）

本書で紹介する育筋食を実践していただくとカロリー摂取が減るので、自然と脂肪も減らすことができます。

脂肪を減らしながら筋肉をつけていくことができるので、根本的に体形と体質を改善できます。

育筋食と並行して行う筋力トレーニングは、みなさんが想像するようなハードなものではありません。自分の現在の筋力に見合った、少しつらいと感じる程度の筋トレをたった20分程度、わずか週に2回行うだけでよいのです。6章を参照しながら無理のない範囲で取り組んでください。

entry 02

「1カ月寝ていると3～5年分の筋肉減 使わないとどんどん減っていく」

- 20歳をすぎると筋肉は**年0.5%ずつ減る**
- 40歳になると筋肉は20歳時の**9割程度**に
- 1日寝ていると筋肉の**0.1%を失う**
- 体重が減っても**痩せたとは限らない**

加齢による筋肉量減少の目安

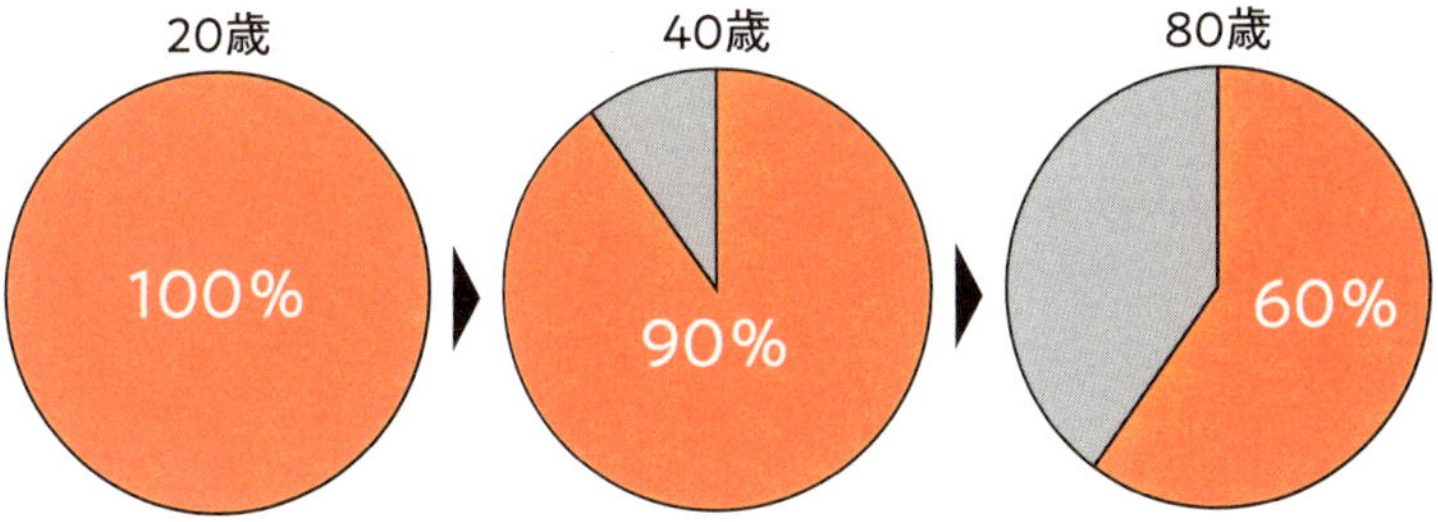

筋肉減が中年太りの原因

年齢を重ねると太りやすくなるのは、筋肉が落ちて基礎代謝が低下するからというのは先に紹介した通り。では、どれぐらい落ちてしまうかというと、20～50歳は年0・5％程度、50歳以降は年1％程度の割合で減るといわれています。

つまり20歳時の筋肉量を100とするなら、40歳では90％程度、80歳では何と60％程度まで減ってしまうということ。

筋肉は減っても食事量や飲酒量は減るどころか、むしろ増えていく傾向にあるため、どんどん体脂肪が増えてしまうのです。

もちろん、この筋肉の減少率はあくまでも平均的な数字であり、日ごろの運動量によって大きな個人差があります。車通勤や、ネットショッピングばかりしているなど、歩く機会すらほとんどないという人は、平均値より筋肉量が低下している可能性があります。

1日ベッドに寝たままだと、それだけで0・1％の筋肉が減るといわれています。つまり、もしも1カ月ゴロゴロして過ごしたら、通常の3～5年分の筋肉を失ってしまうことになります。骨折などでギプスをはめて固定すると短期間でその部位が細くなるのはそのためです。

このように筋肉を使わないことで衰えてしまうことを「廃用性筋萎縮《はいようせいきんいしゅく》」といいます。これの典型的な例が宇宙飛行士。地上では普通に生活しているだけでも、重力があるので意識しなくても筋肉に負担がかかっているのですが、無重力空間での負担はほぼゼロ。ほんの短いミッションでも地上に帰還したときには歩くのも難しいほど筋肉が衰えてしまうのです。そのため、ミッションが長期になる国際宇宙ステーションでは筋トレが日課。1日2時間程度は行うそうです。

特別な運動はしていないのに以前よりも痩せたという人は、単に筋肉が減り、その結果として体重が減ったという可能性があります。中高年になって、「若いころより脚が細くなった」と喜んでらっしゃる方の中には、単に脚の筋肉が衰えただけ、という方が少なくないのです。

逆にスポーツやフィットネス活動を励行している方の中には、体重としては肥満に属していても、実は筋肉量が多い健康的な体であるというケースもあります。

このように、太っているか痩せているかは体重だけではわかりません。大切なのは「体脂肪率」と体脂肪以外の「除脂肪率」。日本肥満学会の基準ではＢＭＩ（※）が25以上になると肥満と判定されますが、ＢＭＩ25以上でも体脂肪率が低い場合は健康体。逆にＢＭＩ上25未満でも、体脂肪率が高ければ隠れ肥満です。ちなみに男性は体脂肪率25％以上、女性は30％以上が肥満と判定されます。

体脂肪率が高いということはすなわち筋肉量が少ないということ。この場合、これから少しずつ体脂肪が増える可能性が高いです。次のページで紹介する「サルコペニア」になる危険性も高まりますので、ぜひこれからは体脂肪率を意識し、筋肉をつけていきましょう。

※ BMI（体格指数）…簡易に肥満度を判定する指数の一つで体重（kg）を身長（m）の二乗で除したもの。

entry 03

「疲れやすさは筋肉不足のサイン 鍛えれば美しく疲れない体に」

・筋肉をつけると**疲れにくくなる**

・**平均10年**は**要介護状態**で過ごす

・筋肉量低下は**要介護リスクを高める**

・40代以上の5人に4人は**ロコモ予備軍**

疲れにくい体になるには筋肉強化が不可欠

体に適度な筋肉をつけて体脂肪が減ると、男性でも女性でも引き締まったボディラインが実現します。しかし筋肉をつけることのメリットは、容姿を整えるだけではありません。

まず、体力がついて、疲れにくくなること。体力には「行動体力」と「防衛体力」の2種類があります。防衛体力は免疫力など体の内外のストレスに対する抵抗力のことで、心身を不調や病気から守るための能力です。適度な運動習慣は、間接的に防衛体力を高めることもわかっています。

筋肉が直接関係するのは行動体力です。行動体力はジャンプなどの瞬発力、持久力、バランス感覚、柔軟性など体を動かす能力で、その主役は筋肉。筋肉が減ると瞬発力だけでなく、持久力やバランス感覚なども衰えて行動体力が全般的に下がり、その結果疲れやすくなります。逆に筋肉をつければ「疲れにくい体」が手に入るのです。

若い方は、自分の足で元気に歩くというのは普通のことだと思っているかもしれませんが、筋肉をつける努力をしないとやがてそれができなくなります。

立ったり歩いたりなど自立した生活の基盤になるのは、筋肉、骨、関節、軟骨などの「運動器」です。運動器は連携して働くためどれも大切なのですが、筋肉があれば骨や関節などが多少弱くなってきてもカバーすることができますし、筋トレ、特に下半身の筋トレには骨密度を維持、増加させる効果もあります。

運動器の主役、筋力が低下した状態をサルコペニアといいます。「サルコ＝筋肉」、「ペニア＝喪失」という言葉を組み合わせた造語で、まさに筋肉の喪失を意味します。サルコペニアになると疲れやすくなるため運動を避けるようになり、肥満が進んで関節に負担をかけるという悪循環に陥ります。

日本は世界有数の長寿の国ですが、健康寿命との差が問題になっています。健康寿命というのは介護なしで自立した生活が送れる寿命のこと。実は日本人の健康寿命は平均寿命よりも男性で約9年、女性で約12年も短いのです。

介護が必要となる大きなきっかけとなるのは運動器の機能低下です。運動器の

要支援・要介護になった原因（男女）

脳血管疾患	17.2%
認知症	16.4%
衰弱	13.9%
骨折・転倒	12.2%
関節疾患	11%
心疾患	4.7%
その他	24.6%

筋肉を鍛えれば「骨折・転倒」「関節疾患」による要支援・介護状態リスクを減らすことができます。

※出典／厚生労働省「国民生活基礎調査」（平成25年）

衰えにより移動機能が低下した状態を運動器症候群＝ロコモティブ・シンドローム（通称ロコモ）といいます。現在、ロコモは予備軍も含めて約４７００万人もいるといわれています。

厚生労働省の調査によればなんと40歳以上の男女の５人に４人はロコモかその予備軍だと考えられていますので、高齢者だけの問題ではありません。

20〜50代では、階段を上がるのに手すりが必要、15分ぐらい続けて歩くことができないといったロコモの兆候に当てはまることはないと思いますが、特別な運動をしていない限り、加齢とともに確実に筋肉は減っていきます。積極的に筋肉をつけていきましょう。

entry
04

「アウターマッスルを鍛えれば代謝が上がって痩せる！」

・アウターマッスルは**衰えやすい**

・アウターマッスルを鍛えて**代謝を上げよう**

・**下半身を鍛える**のが効率的

・まずは**日常の運動量**を増やそう

アウターマッスルとインナーマッスルの違い

	アウターマッスル	インナーマッスル
役割	・動力の中心 ・関節を動かす ・骨を守る	・姿勢を保つ ・バランスをとる ・関節の固定
特徴	瞬発力が高い	持久力が高い
サイズと量	サイズが大きく量も多い	サイズが小さく量が少ない

男女問わずつけるべき筋肉とは

女性は若いころから健康についてよく勉強していて、知識も豊富です。そのため「私はマッチョになりたいわけではなく、美しさを求めているからアウターマッスルではなく、インナーマッスルをつけたい」という女性が少なくありません。

確かに筋肉にはアウターマッスルとインナーマッスルがあります。インナーマッスルは文字通り体の奥にある筋肉で、姿勢を保つ、関節を支えるなどの働きがあり、持久力に優れています。ふだんの生活でも十分に使われているため衰えにくく、逆に鍛えても代謝に影響するほど太くなりません。

アウターマッスルは文字通り体の外側にあって触れたり見たりすることができる筋肉。立ち上がる、上体を起こすなど関節を大きく動かしたり、大きな力を発揮する際に働く体のメインエンジンで、力に優れています。

こういった特徴から、「女性に必要なのはインナーマッスル」だと紹介されることが多くあります。しかし、男女を問わず、優先的に鍛えておきたいのは実はアウターマッスルです。なぜなら運動不足や加齢によって衰えやすいのはアウターマッスルであり、アウターマッスルの衰えこそが代謝を低下させて体脂肪を増やす元凶だからです。

そもそも筋トレをしてアウターマッスルを動かせば、インナーマッスルも連動して動くため、あえてインナーマッスルを鍛える必要はありません。逆にインナーマッスルを鍛える際、アウターマッスルはほとんど働きません。

アウターマッスルの中でも特に筋肉量が低下しやすいのが下半身です。理由はいたってシンプルで、体を動かす際、特に大きな力を発揮するのが体全体を支える下半身のアウターマッスルであり、運動不足の影響をダイレクトに受けやすいからです。実際、全身の筋肉量の60～70%を下半身の筋肉が占めています。歩いたり、走ったり、階段を上ったりといった日常生活での運動でも、野球やサッカーなどのスポーツ活動でも体幹や上半身よりも圧倒的に下半身の筋肉のほうが大きな力を発揮しているため、運動量が減ると顕著に衰えるのです。上半身や体幹の筋肉はもともと下半身ほど大きな力を求められないため、運動不足でも目に見えて衰えることはありません。

育筋食をとりながら、日常生活の中で意識的に動くだけでも、体は少しずつ変わっていきます。まずはエスカレーターやエレベーターではなく、できるだけ階段を利用する、なるべく車は利用せず歩くといったことを心がけていきましょう。

さらに筋力トレーニングで効率よくアウターマッスルをつければ完璧です。本書で紹介する筋力トレーニングならば、必要以上にムキムキのマッチョになることはありません。育筋の目的はマッチョになることではなく、20歳のときの筋肉量を取り戻して維持することだからです。

entry 05

「運動が苦手な人でも何歳からでも筋肉はしっかりつきます！」

・どんな人でも**筋肉は大きくなる**
・高齢者ほど**タンパク質が重要**
・育筋食は**健康的なダイエット食**
・運動が苦手な人ほど**トレーニング効果大**

高齢者は筋トレ効果が高く出る

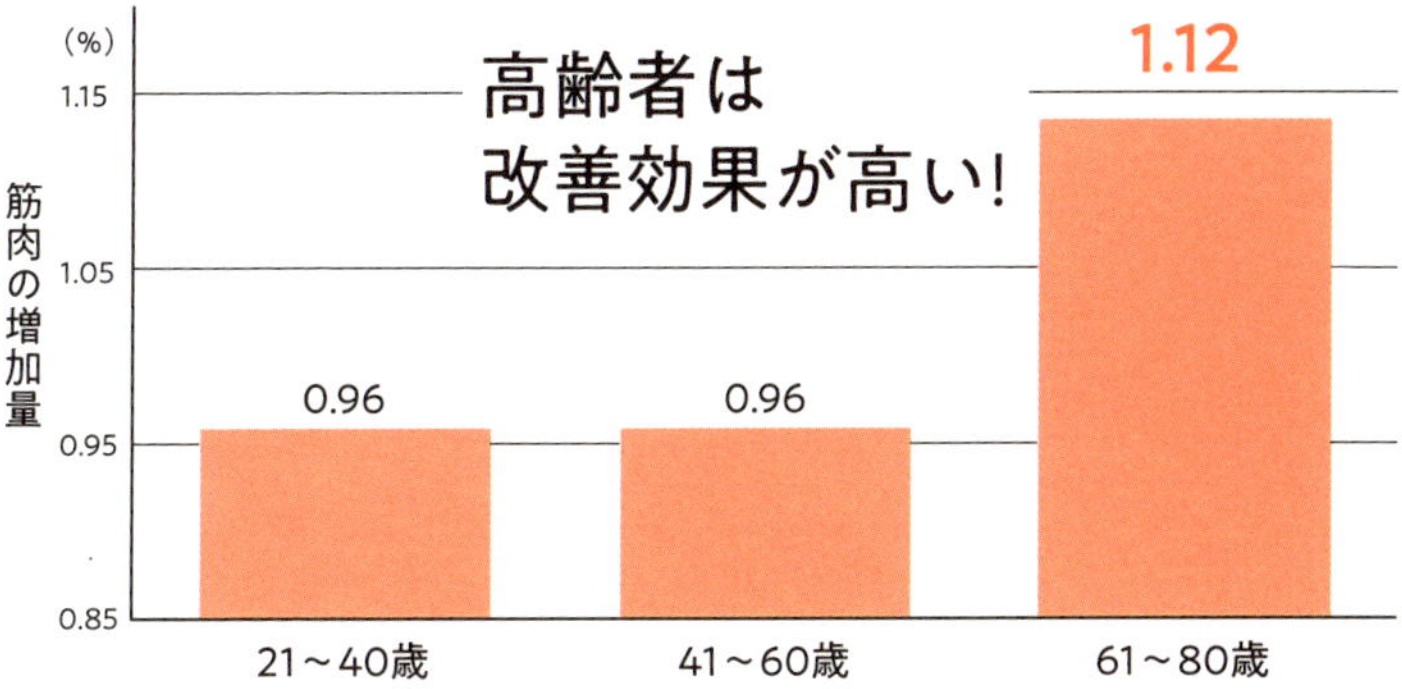

※ Westcott and Guy 1996

❖いくつになっても筋肉はつく

高齢になると歩行スピードが落ちる、転倒しやすくなるなど、切実に筋肉が必要になりますが、筋トレをおすすめしても「こんな年からじゃ無理」という人が少なくありません。

しかし、筋トレをすれば70歳になっても80歳になっても筋肉が太く強くなることがわかっています。とはいえ高齢で骨密度が極度に落ちていて関節の変形が見られたり、尿酸値が高い場合などは、一般的な筋トレがかえってマイナスになる可能性があります。健康に不安がある人、持病がある人はまず、医師にご相談ください。

高齢になると栄養の消化吸収能力も低下しますので、体重の増加と同じくらい、減少にも気をつけなければなりません。中でも特に意識してとるべきなのはタンパク質。タンパク質は筋肉、骨、内臓、皮膚などすべての細胞の主成分だからです。加齢に伴う筋肉量の減少を食い止めて筋肉量を回復し、ロコモを予防するためにも、タンパク質を多く含む育筋食が不可欠です。

タンパク質の摂取状態を知る指標として、血中アルブミン濃度があります。アルブミンは血液中に含まれるタンパク質の一種で、タンパク質の摂取量が少ないと数値が低下します。この数値が低いと長生きできない傾向があるばかりか、認知機能低下リスクが高くなるといわれています。タンパク質をしっかりとる育筋食は、健康寿命を延ばす長寿食ともいえるのです。

高齢でなくても女性はタンパク質が不足しがちです。「ヘルシーな食事＝野菜や低カロリーなもの」というイメージがあるからでしょう。しかし、タンパク質が不足するダイエットは、体脂肪だけでなく筋肉も減ってしまう、典型的な不健康ダイエットなのです。

さらにタンパク質が不足すると、脱毛や肌荒れなど美容上のトラブルだけでなく、貧血、骨密度低下、生理不順など深刻なダメージをもたらします。

これまでタンパク質不足のダイエットをしてきた人は、育筋を始めると筋肉量が回復し、結果体重が増える可能性があります。しかし、本当のプロポーションのよさを求めるならば、体重ではなく筋肉量にこだわるべきなのです。

ところで、運動神経がよくないからと筋トレに尻ごみする人もいますが、実は運動が苦手な人のほうが筋トレに向いています。なぜなら全身を合理的に動かすスポーツと異なり、筋トレはたった1つか2つの関節だけを動かす運動であり、いわばロボットのような不器用な動きをするほうが効果が上がるからです。

スポーツ経験が豊富な人は、1つの動作で全身の筋肉を使うクセがついているため、むしろ筋トレが苦手な人が少なくありません。運動が苦手な人は動きのクセがついていませんし、関節や骨の異常もほとんどないため効果が上がりやすいのです。食事も改善しながら体を動かせば美容効果も期待大です。

entry 06

育筋食と運動の両輪で前向きになれる！

- タンパク質が不足すると憂鬱に
- 運動不足も憂鬱の原因になる
- 筋トレでやる気ホルモンが出る
- 育筋食と運動で骨も強くなる

タンパク質不足はうつ病につながる

育筋食のカギはタンパク質。タンパク質は筋肉を育てる上で欠かせませんが、実はメンタルヘルスにおいても重要な栄養素です。なぜならタンパク質（アミノ酸）は体内で情報を伝えるホルモンの材料にもなるからです。

脳内のホルモンを脳内ホルモン、または神経伝達物質といいますが、これは精神状態に深く関わっています。たとえば感情を安定させる働きを持つセロトニンという物質が少なくなると、うつや不安、パニックなどの症状が起こることが知られています。

セロトニンは年々減少していきますが、運動不足もまたセロトニンの生成量低下につながり、逆に運動すると生成量が増えます。特に散歩やラジオ体操などの一定のリズムで行う運動で、セロトニンが活性化するといわれています。筋トレもまたリズミカルな運動です。咀嚼《そしゃく》もリズミカルな運動なので、育筋食をよく噛んで食べることも効果的です。

筋トレを行うと男性ホルモンの一種であるテストステロンの分泌も高まります。このテストステロンは筋肉が育つのをサポートしてくれるのですが、やる気の維持にも関わっています。

テストステロンの分泌のピークは20代。40代以降、テストステロンの減少から、倦怠感や不眠などさまざまな心身の不調に悩む男性が増えてきます。いわゆる男性更年期障害です。

もしも男性が年齢とともに仕事へのモチベーションが下がったり、疲れやすさや憂鬱感などを感じやすくなったりしているのであれば、筋トレをしてテストステロンを増やしていきましょう。

女性でもテストステロンは少量分泌されていて、筋肉をつけるだけでなく、やる気や積極性の源になっています。とはいえその分泌量は男性の5~10%程度。本書で紹介する育筋食と筋トレでは、筋肉ムキムキになって女性らしさが失われることはありません。あくまでも目的は20歳のころの筋肉量を取り戻しつつ、体脂肪を適切な量に減らすことです。

テストステロン（男性ホルモン）の働き

テストステロンが少ないと	テストステロンが十分あると
憂鬱	自信
慢性疲労、後ろ向き	やる気
脂肪の増加	ＢＭＩの改善
骨粗しょう症リスク	健康な骨状態
ＥＤ、性欲減退	勃起、性欲回復

筋トレをすると成長ホルモンの分泌も促されます。成長ホルモンは肌の細胞や免疫細胞などさまざまな細胞分裂を促す働きがあり、美容上も健康上も重要なホルモンです。成長期は骨の伸長を促しますが、成人後は骨の密度や強度を高める働きがあります。

また、骨に対して縦方向に強い圧力をかける運動をすると、骨の合成が盛んになることもあり、骨粗鬆症予防に運動は欠かせません。

骨を強くするためにはカルシウム、マグネシウムなどのミネラルのほか、タンパク質やビタミン類も必要です。栄養バランスのよい育筋食なら、骨もしっかりケアできます。

entry 07

変化が現れるまで数カ月モチベーション維持が重要

・筋トレをしても変化は**2カ月後**

・自分の**モチベーション管理**が重要

・**頑張りを見える化**しよう

・育筋は**一生続ける**もの

筋トレをプラスしても変化は2カ月後

スポーツの楽しさの一つは、練習中に技術の上達がその場で起こることにあります。その達成感が報酬となり、モチベーションにつながるのです。

断食や水分の制限など、一日で体重が1～2kgも減るような危険なダイエットに人が惹かれやすいのは、すぐに体重減少という報酬が得られるからです。もちろん、このようなダイエットは脱水症状や低血糖症、筋肉の減少を招くもので、決して行うべきではありません。

これに対して正しいダイエットは効果がゆっくりと現れます。「育筋食＋6章の筋トレ」を開始しても、筋肉量が増えるのは2カ月後ぐらいから。筋トレではまず筋力アップが起こり、次いで筋肉量の増加が起こるからです。これが筋トレ初心者が挫折しやすい最大の理由です。挫折を防ぐには筋肉の増加以外の報酬に目を向けることが必要です。

もちろんそれまで食生活が大きく乱れていて体脂肪が多い人は、育筋食を始めることによって摂取カロリーを抑えれば、数週間でも体脂肪と体重が落ちて体が軽く感じられるはずです。体重の減少がわずかでも、自分自身で小さな変化に気づくことが、大切な報酬になります。

元々それほど太っておらず、食生活もそこそこ整っているという人は、見た目の変化を感じるまでに時間がかかるはずです。体重を記録していくと、人によっては筋肉がついていく過程で減るどころか増える場合もあります。モチベーションを高めるために、筋肉量が測定できる体重計を買うのもよいでしょう。

結果だけでなく過程を評価することも大切です。スケジュール帳やカレンダーに、筋トレを行った日は何を何回、何セット行ったかなどを書く、育筋食をしっかり食べた日はご褒美シールを貼る、など記録していくのです。これは「セルフモニタリング」という方法で、自分の頑張りを「見える化」することでモチベーションが高まることがわかっています。

2カ月をすぎれば目に見えて体の変化を感じるはずです。体重、体脂肪率の減少、これに伴う体形の変化、そして他者からの「痩せた?」「引き締まったね」「キレイになった」という素晴らしい言葉のご褒美が待っているのです。

こうなればしめたもの。育筋食も筋トレも自然と習慣化して、どんどん体が引き締まって若返り、自信も生まれ、まわりから褒められ、さらにモチベーションがアップするというプラスの循環に入ることができます。

とはいえ、やりすぎは禁物。男性は体脂肪率が10％を切ると貧血や免疫力の低下などの不調を起こしやすくなりますし、女性は15％を切ると無月経を起こしやすくなり、骨密度の低下や不妊などの問題を引き起こす可能性が高まります。

半年、1年たって自分の理想とする体になればあとはそれを維持すればよいのです。維持するだけであれば食事も運動も少しゆるめても大丈夫。育筋食をベースにすれば、ときには甘いものやカロリー高めのものを食べてもOKです。食事は単なる栄養の摂取ではなく、「楽しみ」でもあるからです。

筋トレも筋肉量を維持するのであれば週に1回～10日に1回行えば十分です。体の健康は一生維持していくべきもの。育筋食、筋トレともに無理のない範囲で少しずつ取り入れ、ご自身の習慣として継続していってください。

Column #1

ダイエットで部分痩せはできる？できない？

結論からいうと、体脂肪をピンポイントで減らすことはできません。体脂肪の分解を促すホルモンは血液を介して全身に運ばれるので、痩せるときは全身の脂肪細胞がまんべんなく小さくなるからです。体脂肪量が半分になればすべての脂肪細胞のサイズは半減します。

おでこ、手の甲などに比べて、お腹、太ももなどに脂肪がつきやすいと感じるのは脂肪細胞の数が多いから。1×2＝2と10×2＝20を比べると、後者のほうがたくさん増えたと感じるのと同じ理屈です。

逆に脂肪細胞が多くて気になる部分は、体脂肪が減ると目に見えてサイズダウンする部位でもあります。

さらにお腹には皮下脂肪に加え、その奥に内臓脂肪があるので最もサイズの増減が大きい部位です。

正しい育筋食と運動の継続で、気になる部分ほど必ず細く、引き締まっていくのでご安心を。

2章

糖質オフに頼らない食べ方の基本

entry 08

「減少傾向にあるタンパク質の摂取量を見直してみよう」

- タンパク質は**体にため込めない**
- 体の**2割**は**タンパク質**でできている
- **タンパク質**の摂取量は**減少傾向**
- 筋肉をつけたいならタンパク質を**積極的に摂取**

平均的タンパク質摂取量の年次推移

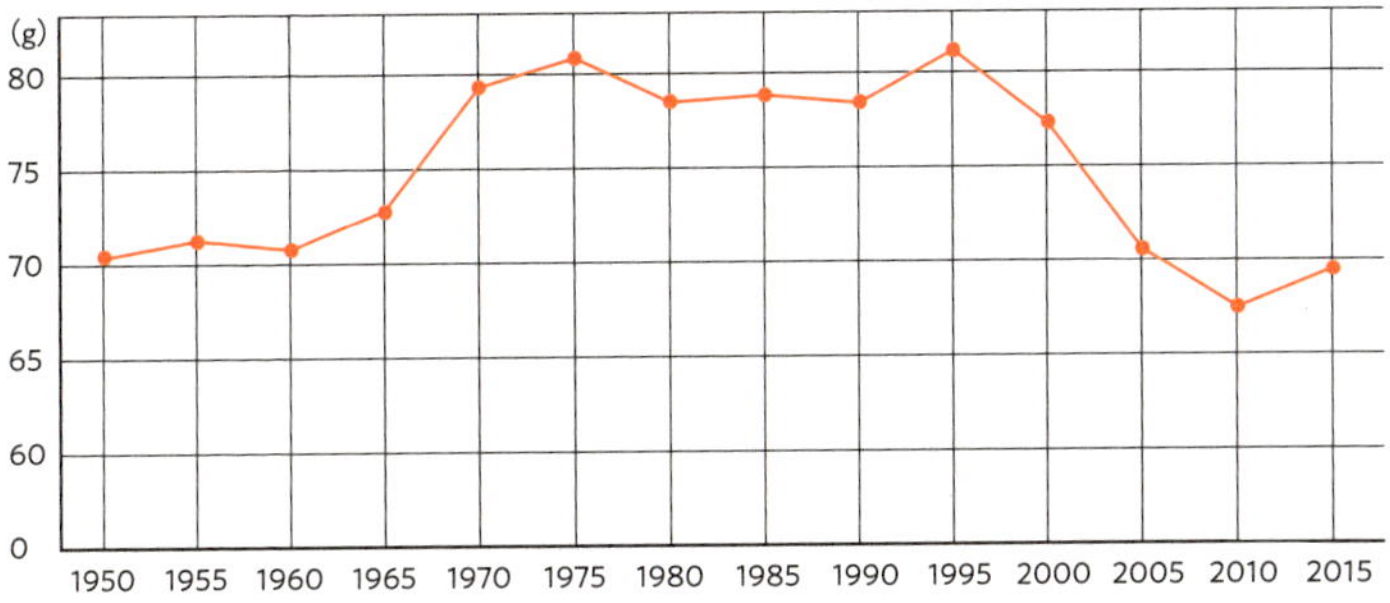

※出典／国民健康・栄養調査（厚生労働省）

体中でタンパク質が必要

三大栄養素といえば「糖質・脂質・タンパク質」。この中で育筋食のカギは、みなさんご推察の通り、タンパク質です。タンパク質は三大栄養素の中で唯一体内にため込むことができないため、食事でこまめに取り入れる必要があります。

筋肉以外にも、内臓や血管、髪の毛、肌などのパーツのほか、各種ホルモンや酵素などもタンパク質からできており、体の約20%はタンパク質で構成されています。つまり、体のあちこちでタンパク質を必要としているのです。

しかし、タンパク質の摂取量は1990年代後半にピークを迎えてから減少の一途をたどっています。理由の一つは痩せ型志向、ヘルシー志向の高まりにあると考えられます。タンパク質の摂取量とともに摂取エネルギーも減少しているからです。

しかし、それでいながら肥満者は増加傾向にあります。摂取エネルギーは減っているのに肥満者が増えているのは、それ以上に生活が便利になって、日常生活での消費エネルギーが減っていること、その運動不足によって筋肉量が減少し、基礎代謝量が落ちていることが考えられます。前述のタンパク質摂取量の不足も筋肉量の減少に拍車をかけています。

では、タンパク質はどの程度不足しているのでしょうか。40～49歳、体重70kgの男性を例に考えてみましょう。平成29年度の厚生労働省による「国民健康・栄養調査」によればその年代の男性の1日あたりのタンパク質平均摂取量は74gです。

推奨量は「体重×0・93」で、65・1gになるので推奨量はクリアしています。しかし、定期的に運動習慣がある人、仕事や家事の運動量が多い人であれば「体重×1・2～1・4」なので、間をとって1・3としても91gとなり、不足してしまいます。さらに筋トレをする人なら「体重×1・6〜2・0」なので、112〜140gが必要です。

つまり、積極的に筋肉をつけていくなら、1日あたりあと50g程度のタンパク質が必要ということになります。もちろんこれは平均的な数字であり、ふだんの食事でもっとタンパク質量が不足している方もいます。

タンパク質が50g足りないなら肉や魚をあと50g食べればよいと思う人が多いのですが、それは早計。肉も魚もタンパク質のほかに水分や脂質なども含んでいて、すべてがタンパク質というわけではないからです。

たとえば高タンパク食品の代表である、鶏ささみ100gに含まれるタンパク質量は約23g。不足するタンパク質50gを鶏ささみだけでとろうとすると、220gほど食べる必要があります。

3〜5章で紹介する育筋食であれば、筋トレをしている人も十分なタンパク質量を摂取することが可能なのでご安心下さい。

entry 09

肉・魚・卵・牛乳・大豆で効率よくタンパク質を摂取する

・アミノ酸はバランスが大切
・アミノ酸スコアでバランスがわかる
・大豆も実は肉・魚と同様のバランス
・動物性も植物性も消化吸収率は変わらない

アミノ酸の桶の理論

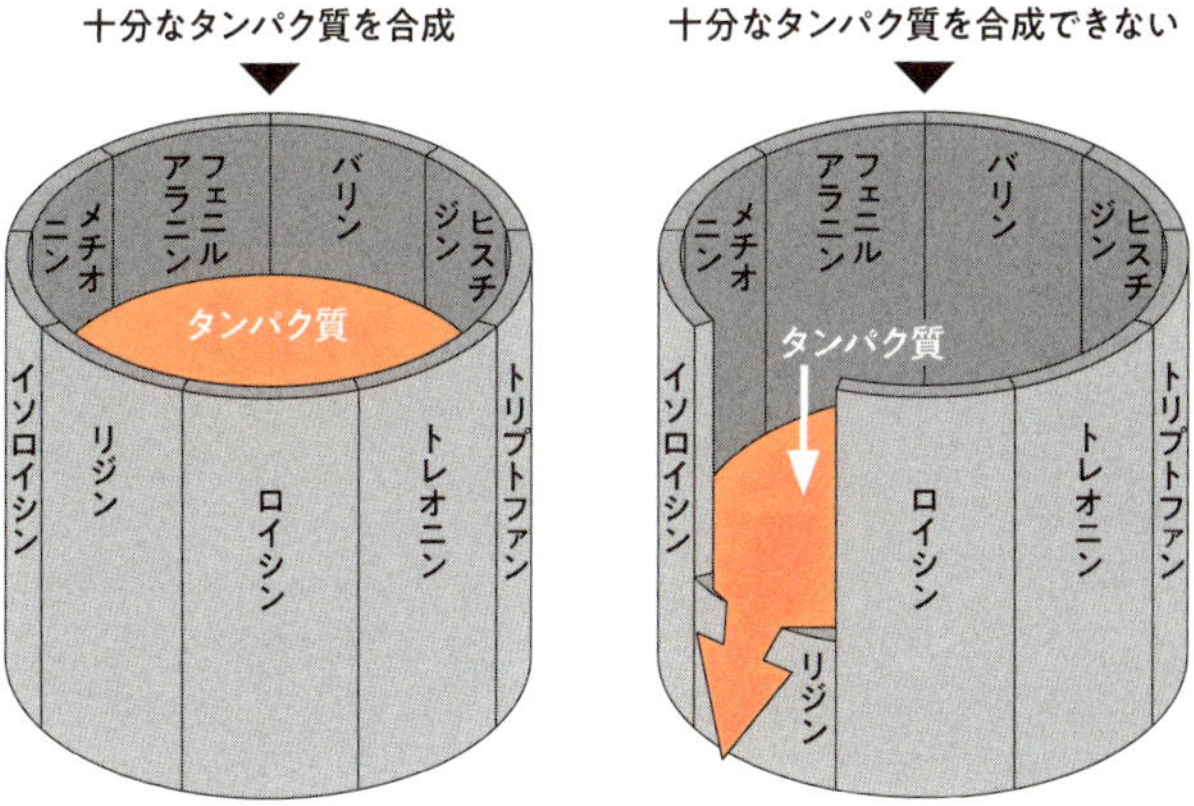

❖効率のよいタンパク質食品とは

タンパク質を多く含む代表的な食材には肉類、魚介類、鶏卵、牛乳及び乳製品といった動物性食品と大豆・大豆製品の植物性食品があります。

穀物や野菜などほかの食品にもタンパク質は含まれていますが、先に挙げた食品はタンパク質含有量が多いというのはもちろん、もうひとつ大きな特徴があります。それはアミノ酸スコアという数値が優れていることです。少し長くなりますが、この説明をいたしましょう。

タンパク質は20種類のアミノ酸が組み合わ

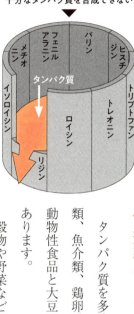

さってできています。食品に含まれるタンパク質は、胃腸でいったん最小単位のアミノ酸に分解されてから吸収されます。そして、それらのアミノ酸は再びタンパク質に合成されて、筋肉や骨や肌、ホルモンや酵素などの材料となります。

タンパク質を構成する20種類のアミノ酸のうち、11種類は体内で合成することができる「非必須アミノ酸（※1）」残りの9種類は食べ物で摂取しなければいけない「必須アミノ酸（※2）」です。アミノ酸は相互的に働いており、どれかひとつでも不足してしまうと上手にタンパク質をつくることができません。

それをイメージしやすいのが木桶です（47ページ図）。9枚（必須アミノ酸9種）の板を貼り合わせた木桶の1枚の板が途中で割れてしまったら、水はそこからあふれ出て割れた板の高さまでしか残りません。このように育筋はもちろん、体内のタンパク質づくりにおいてアミノ酸はバランスよくとることが重要となります。そのバランスを示すのが「アミノ酸スコア」です。アミノ酸スコアは9種の必須アミノ酸のバランスを示しており、１００が最高です。肉や魚や卵、牛乳及び乳製品、大豆・大豆製品は効率のよい育筋食品なのです。

※1　アスパラギン、アスパラギン酸、アラニン、アルギニン、グリシン、グルタミン、グルタミン酸、システイン、セリン、チロシン、プロリン

※2　イソロイシン、トレオニン、トリプトファン、バリン、ヒスチジン、フェニルアラニン、メチオニン、リジン、ロイシン

さまざまな食品のアミノ酸スコア

食品	スコア	食品	スコア
しじみ	95	小麦粉	38
かき	77	精白米	65
あさり	81	たこ	71
いか	71	とうもろこし	32

「大豆はアミノ酸スコアが低いので肉や魚のほうがよい」と聞いたことがある人もいるかもしれません。たしかに大豆は長い間アミノ酸スコアも吸収率も低いと考えられてきました。しかし、近年研究が進み、86から100に上がっています。

乳製品や大豆製品など、加工食品でも基本的にはアミノ酸スコアは変わりません。加工食品のほうがタンパク質の含有量が多くなる場合もありますが、一方で塩分や砂糖などの添加物が多く含まれますので、加工食品だけに偏らないようにしましょう。

食品によりタンパク質の消化吸収率も変わります。動物性食品と植物性食品の間に大差はありませんが、ほかに含まれる栄養素の内容や量が異なりますので、偏らないように食べましょう。

entry
10

肉・魚・卵・乳製品・大豆 毎日すべてをとるのが理想

・**タンパク質量**だけが重要ではない
・いろいろな食品を食べることは**食のリスクヘッジ**
・**5種の食材**でタンパク質をとる
・**手ばかり法**なら目安量が簡単にわかる

食材にはそれぞれよい点、悪い点がある

タンパク源としてアミノ酸スコアや吸収効率だけを考えるのであれば、肉でも魚でも好きなものだけをとればいいということになります。しかし、それぞれの食品にはタンパク質以外の成分が含まれることを忘れてはいけません。

たとえば牛肉は鉄分や亜鉛などのミネラル、豚肉はビタミンB群などを豊富に含んでいますが、一方で、とりすぎると悪玉コレステロールを増やす飽和脂肪酸が脂身に含まれています。脂身を避けて赤身の肉を食べるという選択もありますが、赤身肉もまた食べすぎるとがんや糖尿病などのリスクを高めるという報告があります。

牛乳はカルシウムが摂取できるので骨粗しょう症予防に役立つ食品ですが、日本人は牛乳に含まれる乳糖《にゅうとう》を消化する酵素が少ない乳糖不耐《ふたい》の人が多いため、飲むとお腹がゴロゴロして消化不良を起こすことがあります。

大豆の場合は日本人にとって古くからよく食べてきた食品であり、消化酵素も

十分に備わっています。また、ビタミン、ミネラルのほか、食物繊維、脳の活性化が期待されるレシチンなどさまざまな栄養素が含まれています。しかし、タンパク質量は動物性食品よりも少ないので、大豆だけで十分なタンパク質をとるためには相当な量を食べなければいけません。

ひとつの食品だけに偏りすぎないというのは、タンパク源だけに限ったことではありません。それだけを食べていればよい完全な食品というものは自然界に存在せず、食品にはそれぞれ健康にとってプラスとマイナスの側面があります。

しかも、それが今の科学では十分にわかっているとはいえないのです。実際、昔は健康によいとされてきた食品や栄養素でも、後になって過剰症やアレルギーなどのマイナスの面がわかった例はたくさんありますし、またその逆も多くあります。今、健康によいといわれている栄養素や食品のマイナス面が今後見つかることもあるでしょう。日ごろから偏食をせず、複数の食品をとっていれば、多様な栄養素をバランスよくとれるだけでなく、そのような食品や栄養素のマイナス面を最小限に抑えることができるのです。

話をタンパク質に戻しましょう。タンパク質も1日に必要な量を肉、魚、卵、大豆や大豆製品、牛乳及び乳製品のすべてでとるのが理想的です。量の目安としては「手ばかり法」を覚えておくと便利です。手のひらを器として考え、左手には肉と魚、右手には大豆製品と卵。これに乳製品を、牛乳ならコップ1杯、小分けのチーズ1個程度をプラスした量が1日分です。それぞれの目安量は上のイラストを参照してください。

ただし、食事だけでなく筋トレもするという人はそれだけでは足りません。魚か肉を同量足しましょう。

難しく感じるかもしれませんが、朝に目玉焼きと冷奴、昼に肉料理、夜に魚料理、おやつとして乳製品というイメージです。生活に合わせて取り入れてください。

1日のタンパク質は手ばかり法で

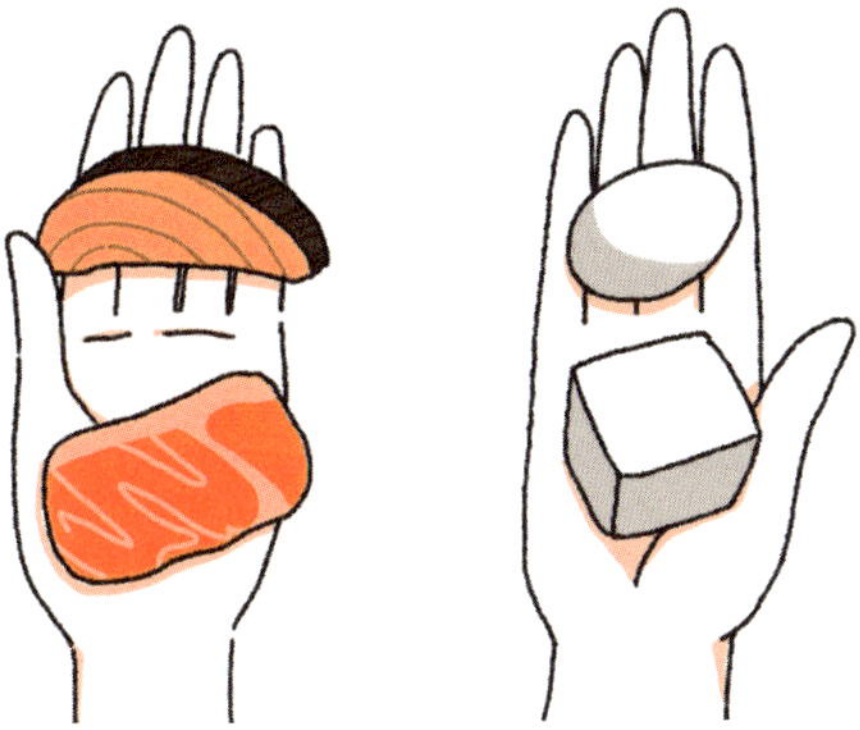

entry 11

「タンパク質・脂質・糖質 三大栄養素のバランスが重要」

・育筋のためのPFCに切り替える
・摂取カロリーは運動しながらひかえめに
・タンパク質を軸に献立を考える
・ざっくり計算すればOK

PFCのバランスに注目してみよう

体を引き締めるというと、近年は「糖質はできるだけとらない」とイメージする人が多いのですが、そんなことは決してありません。極端に糖質制限をすると筋肉が減ってしまい、かえって引き締まらない体になってしまいます。

特に糖質を通常の半分以下に減らすような糖質カットは厳禁です。なぜなら私たちは安静にしているだけでも、生命を維持するメインのエネルギー源として糖質が必要だからです。糖質を抜いてしまうと、体内のタンパク質を肝臓で分解して糖に変換し、それをエネルギーとして使わざるを得なくなってしまいます。そもそも糖質をとって血糖値を上げ、インスリンというホルモンが分泌されないと、筋肉内でのタンパク質合成は促されません。

ボディビルダーがささみ肉とブロッコリーばかり食べているという話を見聞きしたことがあるかと思いますが、あれは体脂肪を減らしていく大会前などの短期間だけのこと。むしろふだんは筋肉量を増やすため、糖質豊富な白米も麺類もポテトも、実はケーキやお菓子類なども食べています。

糖質制限が健康によいというのは、もともと糖質をとりすぎていた糖尿病患者や予備軍が、「医師や栄養士の管理下で糖質を適正量に減らすこと」を前提とした話。糖質を極端に減らして血糖値が下がると、筋肉の分解が進むだけでなく、糖質しかエネルギーとして使えない脳神経系が影響を受けて思考力や判断力が低下する、不整脈が起こりやすくなるなど健康上さまざまな問題が起こります。糖質が多すぎることも問題ですが、少なすぎてもダメなのです。

これはタンパク質も同様。タンパク質を必要以上にとると、消化吸収しきれないタンパク質が腸内の悪玉菌のエサとなり、腸内環境が悪くなります。余ったタンパク質を分解して排出するために、肝臓や腎臓に負担もかかります。糖質も脂質もタンパク質も、大切なのは適正量をとることです。

そのために大切な指標はＰＦＣバランス。ＰはProtein＝タンパク質、ＦはFat＝脂質、ＣはCarbohydrate＝糖質です。一般的には、タンパク質13～20％、脂質20～30％、糖質50～65％のバランスが推進されていますが、育筋をしながら体脂

一般的なPFC

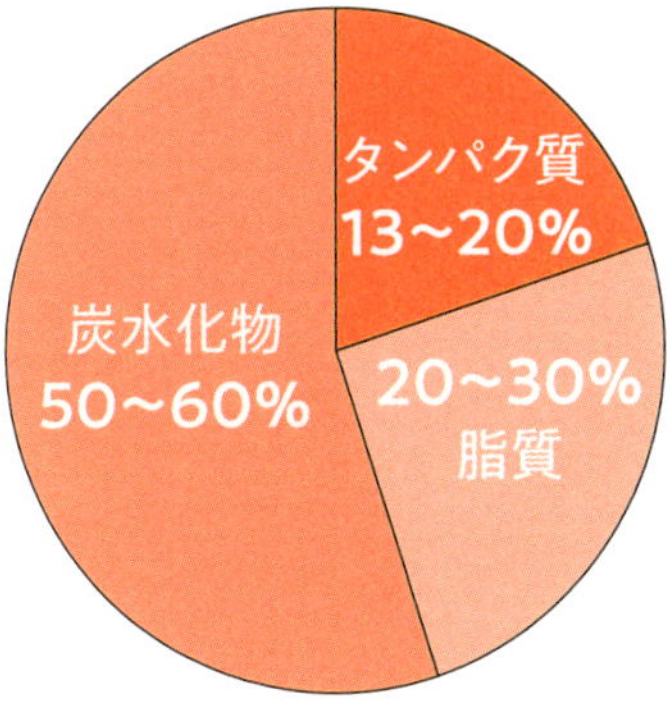

育筋のPFC

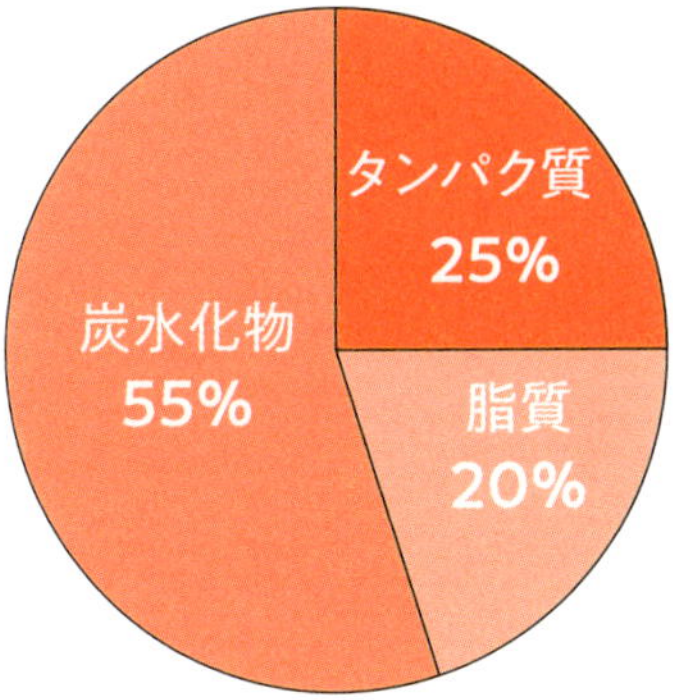

肪を減らす場合は、タンパク質25％、脂質20％、糖質55％になります。

　１日の消費エネルギー量は基礎代謝量（61ページ参照）に「生活活動強度」というものをかけて出します。事務職や専業主婦など、運動量が少ない人であれば、１・５をかけます。

　たとえば日本の30～49歳男性で体重70ｋｇの場合、基礎代謝量は１５６０なので１日あたり２３４０ｋｃａｌとなります。30～49歳女性で体重が55ｋｇの場合、基礎代謝量は１１９０なので１日１７８５ｋｃａｌとなります。これと同じエネルギー量を摂取すれば体重はキープされ、多ければ体重が増えます。育筋では筋肉をつけながら体脂肪を減らすので極端に摂取エネルギー量を減らすのは厳禁。スタート時の体重と体脂肪率によって異なりますが、消費量と同じか、1〜3割少ない量を摂取するようにします。

❖タンパク質摂取量の目安

育筋食の中心ともいえるタンパク源をとるときに注意したいのは脂質です。肉や魚、大豆、牛乳にはカロリーを引き上げる脂質も含まれるからです。

とるべきタンパク質は先に計算（44ページ参照）したように、筋トレをする人は体重×1・6gなので男性は100〜120g程度、女性は80〜100g程度。これを3分割すると1食あたりでとるべきタンパク質量がわかります。男性は35〜40g、女性は25〜35gです。これを中心に献立を考えます。

高タンパクかつ低脂質な食品の栄養成分（100gあたり）は、**〈鶏むね肉（皮なし）……タンパク質・約22g、脂質・約1・5g、エネルギー・約110kcal〉**、**〈まぐろ（赤身）……タンパク質・約26g、脂質・約1・4g、エネルギー・約120kcal〉**です。逆に脂質が多い食品は、**〈豚バラ肉……タンパク質・約14g、**

脂質・約35g、エネルギー・約380kcal〉。〈うなぎ(蒲焼き)……タンパク質・約23g、脂質・約21g、エネルギー・約290kcal〉です。

❖脂質摂取量の目安

育筋では1日の摂取エネルギー量の20%程度を脂質からとります。男性は400〜500kcal、44〜55g、女性は300〜400kcal、33〜44gになります。これを3分割すると1食あたりにとるべき脂質の量は、男性で145kcal、16g程度、女性は120kcal、13g程度です。

食用油はどれもカロリーが同じで1gあたり10kcal。大さじ1杯(12g)あたり120kcalです。バターは1gで8kcalです。

育筋では脂質の多い食品を避けたほうがよいですが、脂質も重要な栄養素なので過度に神経質になる必要はありません。ただしとりすぎを防ぐため、バターやマヨネーズ、ドレッシングの使いすぎは避け、調理法はなるべく蒸し料理やゆで料理を選び、脂質の多い食品は脂を少しカットするか残しましょう。

❖糖質摂取量の目安

育筋では1日の摂取エネルギー量の55％程度を糖質に設定しますので、男性はおよそ１２５０ｋｃａｌ、女性はおよそ１０００ｋｃａｌ。これを3分割すると1食あたりでとるべき糖質の量は、男性で約４２０ｋｃａｌ、１００ｇ程度、女性で約３３０ｋｃａｌ、80ｇ程度です。

糖質を多く含む主食の代表はご飯。茶碗1杯１５０ｇは約２５０ｋｃａｌで糖質約56ｇと、約０・５ｇの脂質と約4ｇのタンパク質が含まれています。普通にご飯を食べる分には糖質をとりすぎる心配はないのです。

スパゲッティ1人前（２５０ｇ）は約３７０ｋｃａｌで糖質は約70ｇ、脂質は約2ｇ、タンパク質は13ｇ。スパゲッティを含めた麺類の場合は、主菜や副菜がつかず、麺類単体で食事が構成されやすいため、量が多くなりがちで、その結果糖質の量も増えることが問題です。麺はあくまでも主食として考え、別途お肉や魚などの主菜や野菜メインの副菜をつけて、麺の量を抑えましょう。

日本人の基礎代謝の基準値

男性

年齢	体重（kg）	基礎代謝量（kcal/日）
18-29歳	60	1440
	65	1560
	70	1680
	75	1800
30-49歳	65	1450
	70	1560
	75	1670
	80	1780
50歳以上	65	1400
	70	1500
	75	1610
	80	1720

女性

年齢	体重（kg）	基礎代謝量（kcal/日）
18-29歳	45	990
	50	1100
	55	1210
	60	1320
30-49歳	50	1085
	55	1190
	60	1300
	65	1410
50歳以上	50	1035
	55	1140
	60	1240
	65	1350

出典／日本人の食事摂取基準　2015年度版から計算

entry 12

油バランスが崩れている現代人あなたに必要な油は何？

・肉の脂も体にいい働きをする

・バターはエネルギーに変えやすい油

・サラダ油はとりすぎてしまいがちな油

・魚の油で体内バランスを整える

脂肪酸の種類

種類		主な脂肪酸	多く含む食品
飽和脂肪酸		パルミチン酸	パーム油、やし油、豚脂（ラード）、牛脂（ヘット）、バターなど
		ステアリン酸	
		ミリスチン酸	
		ラウリン酸	
不飽和脂肪酸	オメガ９	オレイン酸	オリーブ油、菜種油（キャノーラ油）など
	オメガ６	リノール酸	紅花油（サフラワー油）、ひまわり油、大豆油、コーン油、ごま油など
		アラキドン酸	レバー、卵白など
	オメガ３	α-リノレン酸	亜麻仁油、しそ油、えごま油など
		DHA	マグロ、ブリ、サバ、サンマなど
		EPA	マイワシ、ブリ、サバなど

❖脂質は美容と健康の味方

ダイエットしたい人は脂質が敵のように思えるかもしれませんが、脂質は育筋にも健康にも欠かせない栄養素です。

脂質は細胞とさまざまなホルモンの材料にもなります。脂質抜きダイエットをすると肌がパサパサしてきますが、それは単純に脂質が足りていないというだけでなく、肌を美しく保つ働きがある女性ホルモンが足りなくなることも一因。健康と若々しさを保つために、脂質は重要な役割を果たしているのです。

また脂質抜きの食事は消化吸収時間が

短くなるため、満腹感が持続せず、その結果食べすぎにつながりやすくなります。58ページで紹介したように総摂取カロリーの20％程度を脂質でとる必要があるのはこのためです。

脂質にもいろいろと種類があって、それぞれ特徴があります。

まず、脂質には飽和脂肪酸と不飽和脂肪酸とがあります。飽和脂肪酸とは肉の脂身やバターなど、常温で固形の脂。肉の脂身こそ健康とダイエットの敵のように思われていますが、実は肉の脂身をまったくあるいはほとんどとらない人は、血管がもろくなるという研究結果も出ており、生活習慣病予防に役立つ食品として見直されてきています。とはいえ食べすぎればやはり血中のコレステロールが増えますし、カロリーオーバーもしやすいので、「脂身のある肉も適度に（時々）とる」と考えましょう。

バターは短鎖脂肪酸であることが特徴です。脂肪酸は炭素が鎖状につながった構造をしているのですが、植物油などはそれが長くつながった長鎖脂肪酸、ココナッツオイルなどはそれより短い中鎖脂肪酸、さらに短いのが短鎖脂肪酸です。

鎖が短いほうがすぐにエネルギーとして使われるので、活動的な生活をしている場合、実はバターは太りにくい脂だともいえます。

逆にあまり活動的な生活をしていない場合はゆっくりと消化吸収される長鎖脂肪酸や中鎖脂肪酸のほうが体脂肪になりにくいといえます。

オメガ3と6のバランスをとる

不飽和脂肪酸というのは常温で液体の油。植物性の油はほとんどが不飽和脂肪酸です。不飽和脂肪酸にはオメガ3、6、9という3種類の脂肪酸があります。

オメガ6の代表はリノール酸で、いわゆるサラダ油といわれる植物油（ひまわり油、コーン油、大豆油、紅花油など）やごま油などに多く含まれます。

オメガ3の代表は魚の油に多く含まれるDHA。そして近年、健康油として人気の亜麻仁油、えごま油、しそ油などに含まれるα-リノレン酸もオメガ3であり、体内でDHAに合成されます。

オメガ6と3はともに、体内で合成できない必須脂肪酸です。しかし、オメガ

6はとりすぎ傾向に、3は不足傾向にあります。

オメガ6と3には相反する働きがあります。

オメガ6：アレルギー促進、炎症促進、血栓促進、血液を固める。

オメガ3：アレルギー抑制、炎症抑制、血栓抑制、血管拡張。

そのためバランスよくとることが大切で、オメガ6：オメガ3＝4：1が理想的とされています。しかし、実際にはオメガ6：オメガ3＝10：1とか、それ以上の開きともいわれています。ですから、オメガ6は減らしながら、オメガ3を足していくことを心がけて下さい。

DHAは頭がよくなる栄養素といわれるように、脳の情報伝達をスムーズにして学習力を高めます。また、DHAとEPAには体脂肪の増加を抑える効果もあり、この意味でも積極的にとりたい油といえます。とはいえオメガ6を3にそのまま置き換えるのは困難です。オメガ3の油は酸化しやすく調理に向かないからです。

ですから魚はできるだけ生かそれに近いマリネのような形でとるようにします。

オメガ3の油は酸化しないように注意

調理後かけて食べる

冷蔵庫に入れて保管

使いきりタイプを
利用する

市販のドレッシングに使われる油も多くはオメガ6ですから、オメガ3の油を使って手づくりするのもよいでしょう。

また、調理油を使う場合には、オメガ9のオレイン酸を利用するのもおすすめです。これを多く含む油はオリーブ油や菜種油です。加熱にも強く、油バランスにも影響しません。育筋中の調理法として揚げ物はあまりおすすめできませんが、菜種油は揚げ油にも向いています。

これだけとっていればよいという油はなく、さまざまな特徴がある油をバランスよく適度にとることが育筋にとっても健康にとっても大切になります。

entry 13

油は体に欠かせない栄養素でも避けるべき油もあり

- ・トランス脂肪酸は健康にダメージを与える
- ・マーガリンやショートニングに注意
- ・日本人の摂取量は少ないので制限はない
- ・世界的には排除の流れ

❖狂った油と呼ばれる体によくない油とは

先ほど飽和脂肪酸でも不飽和脂肪酸でも、それぞれ体によい働きがあると紹介しましたが、実はとるべきではない脂肪酸もあります。それはトランス脂肪酸。悪玉コレステロールを増やし、逆に善玉コレステロールを減らす作用があるため、動脈硬化などを引き起こすといわれています。

トランス脂肪酸が多く含まれるのは、マーガリンやショートニングなど。パンを食べる際にはマーガリンではなくバターを使うようにしましょう。ショートニングは食感などをよくするためにパン類やスナック菓子、コーヒー用クリームなどに広く使われていますのでとりすぎに注意して下さい。

日本はトランス脂肪酸の摂取量が少なく、現時点では規制されていませんが、世界保健機関は２０２３年までにすべての食品からの排除を呼びかけています。食品、栄養素にはそれぞれ優れた点と弱点があるため、育筋ではバランスのよい食事を大切にしますが、トランス脂肪酸は意識して避けてください。

entry 14

「長続きする引き締まった体は糖質抜きではつくれない」

・糖質が不足すると**筋肉が分解**される

・毎食、主食は**抜いてはダメ**

・ただし、**血糖値の急上昇に注意**

・糖質でも**甘いもの**はひかえめに

炭水化物の分類

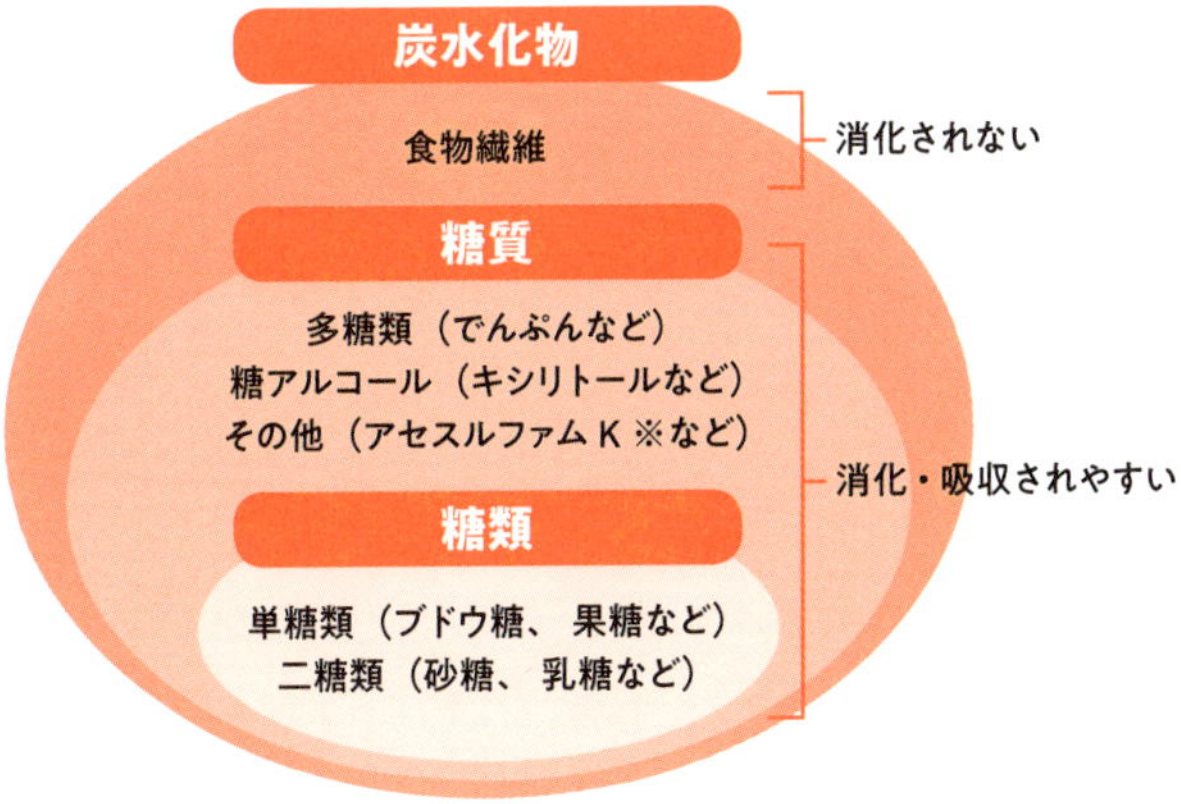

※非糖質系の甘味料ですが、栄養成分表示は食物繊維ではない炭水化物に分類されます。

❖糖質は適正量を心がける

先にも書いたように、筋肉が分解されてしまうので、糖質を極端に減らす食事はNGです。基本的には毎食、ご飯やパンなどの主食をとってください。

糖質を多く含む食品には食物繊維も多く含まれているため、これを抜いてしまうと、よほど意識をして野菜などを食べない限り食物繊維が不足してしまいます。

また、糖質は1gあたり3gの水分と結びつくという性質があります。つまり、糖質を減らしてしまうと体内の水分も減ってしまい、肌も髪もパサパサになってしまい、せっかく痩せても若々しさが失われ、健康的、魅力的に見えないのです。

問題は糖質の量よりも質です。消化吸収が早い砂糖や果糖などの「糖類」をとって血糖値が急上昇すると、インスリンというホルモンが大量に分泌されて体脂肪の合成が盛んになります。その後は急激に血糖値が下がって強い空腹が訪れ、おやつに手をのばしてしまうことになりかねません。このような血糖値の急上昇と急下降は血糖値スパイクと呼ばれ、糖尿病を招く要因にもなります。

血糖値スパイクを防ぐためには、まず砂糖や果糖などを多く含む甘い食べ物をひかえるのが第一。第二に精白米より玄米、普通のパンより全粒粉パンのように、精製されていない食品を選ぶこと。なぜ玄米や全粒粉は精製したものよりも血糖値を急激に上げないかというと、たっぷり含まれる食物繊維が腸での糖の吸収をゆるやかにしてくれるから。同様に主菜となる肉や魚に多く含まれるタンパク質と脂質にも炭水化物の吸収を遅くする効果があります。

ご飯やパンを口にする前に、食物繊維を多く含む副菜、タンパク質や脂質を多く含む主菜をとるとよい、といわれるのはこのためです。ただし、これは食事を少なくとも20分以上かけてゆっくり食べた場合。10分程度の食事時間では、残念ながらその効果はほとんど期待できません。

玄米や全粒粉にはビタミンやミネラルも豊富に含まれています。ビタミンは体内でエネルギーをつくる上で欠かせない栄養素で、ミネラルは体の構成成分となる栄養素。どちらも不足していると育筋上も健康上も支障が出てきます。

糖質は消化酵素によって細かく分解されてから体内に取り込まれます。穀物やいも類、野菜に含まれるでんぷん、肉や魚に含まれるグリコーゲンはブドウ糖が長く鎖のように連なっている多糖類。

一方、果物に含まれる果糖やブドウ糖は1つの分子単体でできている単糖類、砂糖はブドウ糖と果糖がつながった二糖類。この2つを合わせて糖類といいますが、糖類は鎖がないか短い分、速やかに吸収されます。

運動前に素早くエネルギー補給したいときには便利ですが、それ以外のときに食べすぎれば血糖値の急上昇を招いてしまうので、糖類の摂取はひかえめにしましょう。

entry 15

朝食は絶対に抜かないこと
朝昼夜＝4：3：3が理想

- 朝食は**体内時計リセット**のカギ
- 体内時計が狂うと**育筋が遅れる**
- **朝と昼にボリューム**をもってくる
- **夜は20時まで**に食べる

朝食を抜く人の割合

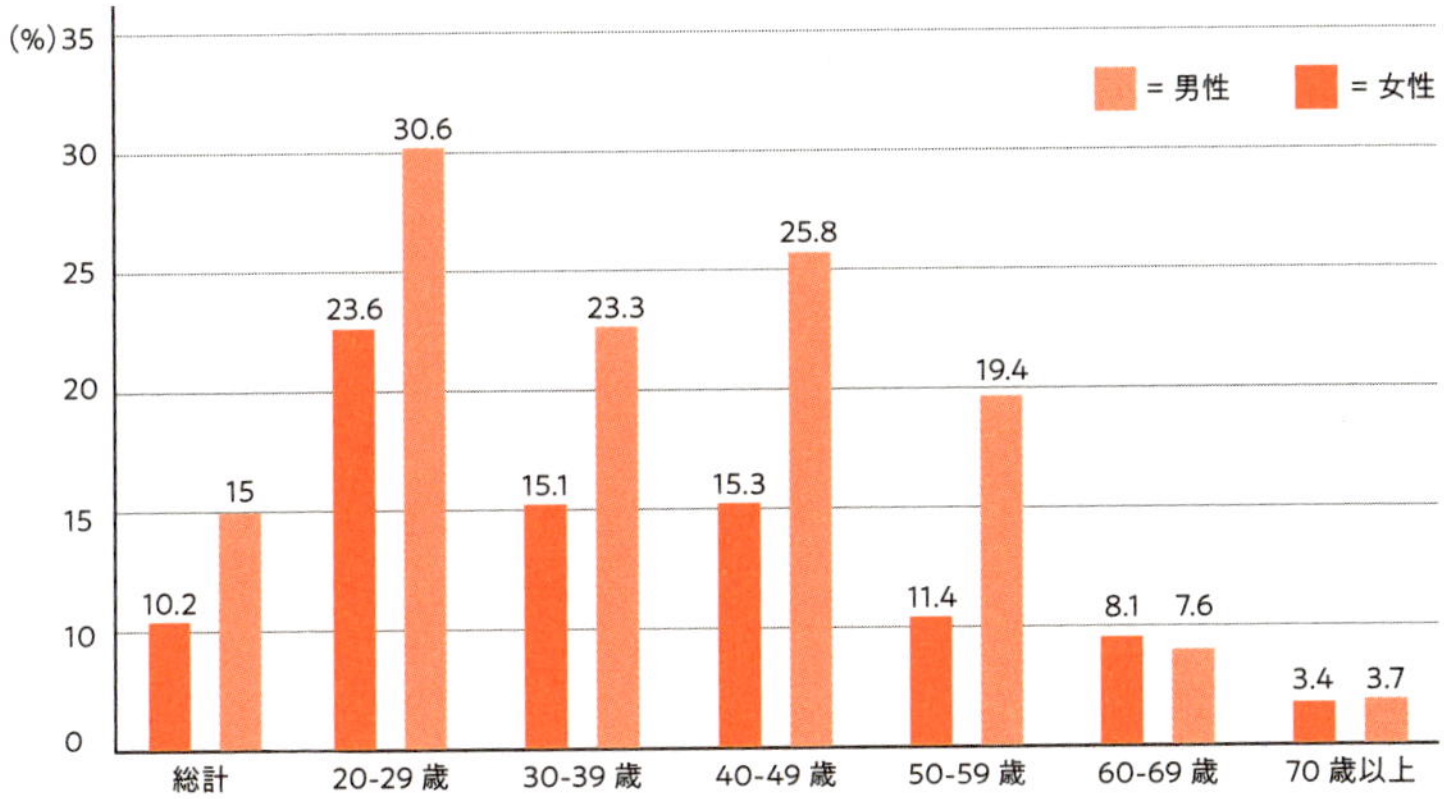

※出典 / 平成 29 年国民健康・栄養調査

食事はいつ食べるかも重要

食事は食べる量と質が大切ですが、「いつ食べるか」ということも重要です。たとえば1日のトータルでまったく同じものを食べるとしても、夜にドッカリ食べれば当然カロリーを消費しきれず、体脂肪の合成が進んでしまうからです。

ダイエットのため、時間がないから、食欲がないから。さまざまな理由から朝食をとらないという人は少なくありません。しかし、育筋食では1日3食が基本。朝食は絶対に抜いてはいけません。

朝食を抜くと、体のリズムが崩れて、

心身のさまざまな不調を招きます。なぜリズムが崩れるかというと、体内時計は1日が約25時間になっていて、それを日々リセットしているのですが、その第一のリセット役が日光で、第二のリセット役が朝食だからです。

体というのは日光周期に合わせて、さまざまな調整を行っています。たとえば午前中は活動しやすいように交感神経を緊張モードにしたり、セロトニンの分泌を高めてストレスに備えます。そして夜になると副交感神経を優位にしてリラックスモードにし、朝に分泌したセロトニンを材料にして眠りのホルモン、メラトニンを作り、自然な眠りへと導くといった具合です。

このように体のリズムを大切にしていると、睡眠中のさまざまなホルモンの分泌も高まり、育筋も効率よく進みます。

メインの体内時計は脳にあります。、起床後はまずカーテンを開けて朝日を取り入れて脳を刺激してください。人間は朝日を浴びてから14〜16時間ぐらいするとメラトニンが分泌されて自然に眠くなるようにできていますので、寝つきが悪いという人は朝しっかり朝日を浴びることで改善できるはずです。

朝日を浴びても、それだけでは十分ではありません。内臓の体内時計は朝食をとらないとリセットされないからです。つまり、脳と内臓の時計がズレて、体内時差が起こってしまうのです。さらに朝食でエネルギーをとらなければ血糖値が下がって脳は働かず、体の活動も低下し、筋肉の分解も進んでしまいます。

遅くても起床後1時間以内に朝食をとるように習慣づけましょう。この際タンパク質はもちろんですが、糖質も必要です。糖質は体のエネルギー源となるだけでなく、体内時計のリセットを促すと考えられているからです。

また、国立がん研究センターと大阪大学が約8万2000人を対象に13年間追跡調査した研究によって、朝食を週に多くても2回程度しか食べない人は、毎日食べる人と比べて脳卒中を起こすリスクが18%高いということもわかっています。

❖朝にボリュームをもってくるのが理想

食事の配分の理想は「朝4：昼3：夜3」です。しかし夜遅くまで働いている、遅くまで飲んでしまうという人は「朝0：昼5：夜5」のような極端な食事配分になっているのではないでしょうか。このように夜ガッツリ食べてしまうと寝ている間に内臓がフル活動を強いられ、深い睡眠が得られないので疲れが抜けにくくなります。起床後も胃腸が働かず、食欲がわきません。朝は食欲がない、という人は夜ご飯を早めに、少なめにしてみましょう。

夕食はできれば就寝の3〜4時間前、だいたい20時までに食べるようにしましょう。なぜなら夜遅くなるほど、食欲を抑えるレプチンというホルモンの分泌量が減り、食欲を促すグレリンというホルモンの分泌量が増すからです。

夜の食事量は抑えたほうがよいとはいえ、夜はリラックスして家族や親しい友人と一緒に食卓を囲む楽しい時間でもあります。動物と違って私たち人間は単に栄養をとるだけでなく、食事を楽しむことも心身の健康と社会生活のために重要です。ですから、「朝3：昼3：夜4」の配分が現実的だといえます。

空腹時は筋肉の分解が促されてしまうので、食事間隔があきやすい昼食と夜食の間に間食をとると育筋効果はさらに増します。この場合の配分は「朝3：昼3：間食1：夜3」となります。

間食

朝昼晩のバランスがとれてきたら、育筋効果を高めるために、150 ～ 200kcal の間食を16時前後に。糖類の多いお菓子類ではなく、多糖類とほどよくタンパク質もとれるヨーグルトやチーズちくわがおすすめ。近年はタンパク質を強化したプロテインバーも多数あり。

朝食

体内時計の調整と1日にわたって血糖値を急上昇させないために「糖質+タンパク質」をとることが重要。体温を上げてくれるタンパク質をとることで、心と体も目覚めます。また、果物を食べる場合には朝に食べるのが肥満防止&脳の栄養補給に。

夕食

就寝の3時間前までに食べるよう意識を。夜は脂肪合成されやすいので、食べすぎ飲みすぎは禁物。就寝時は筋肉の合成も盛んになるのでタンパク質を多く含む主菜はしっかりとりましょう。食後は入眠の妨げとなるカフェインを避けて。

昼食

日中から夕方にかけては最も脂肪合成がされにくいので、カロリー高めの食事をするなら昼に。外食のランチではパスタ、丼、ラーメンなど、ひと皿ものになりやすく栄養バランスが悪くなりがち。できるだけ定食を選ぶようにしましょう。

Column #2

育筋食は「減らす」ではなく「変える」から始める

本書を手にしている方の中には、これまでダイエットで挫折した経験を持つ方も少なくないでしょう。

食事制限では「減らす」ことばかりに目が行きがちですが、それがストレスになって余計に食欲を増し、やがて挫折しやすくなります。

挫折をしないコツのひとつは食事を「減らす」よりも先に「変える」から始めること。

たとえば「高タンパクな主菜を毎食食べる」「精白米やより玄米を選ぶ」「副菜から食べ始める」「ゆっくり噛んで食べる」「朝食をしっかりとる」「晩ご飯は早めに食べる」「食事の前後に水を飲む」「1日の総食事量を変えずに、食事の回数を増やす」などです。

これだけでも育筋に大きな効果があり、それがご褒美となって、さらに食生活を改善する気持ちを後押しすることにもなるのです。

3章

一生美しい体でいるための食べ方＋α

entry 16

日本の一汁三菜は理想の栄養バランス

- 一汁三菜で栄養がバランスよくとれる
- 汁物で水分をとると食欲が抑えられる
- 一食の中で脂質を調節する
- 一汁三菜の考えでいつでも正しい食事を選べる

一汁三菜は理想的なバランス

一汁三菜が食事の基本

2章では育筋食の中心となる三大栄養素、タンパク質・脂質・糖質について説明しました。しかし、食事を栄養素単位で考えて計算することは現実的ではないので、三大栄養素をバランスよくとれる「一汁三菜」の考え方を身につけましょう。これならビタミン、ミネラル、食物繊維などもバランスよくとれます。

一汁三菜は「主食」「主菜」「副菜×2」「汁物」の5品で構成されています。これに従って構成すると、必要な栄養素が自然ととれるようにできています。

●主食・・・糖質の供給源

ゆっくり消化される粒食のご飯を主体とします。玄米か雑穀米にすることでさらに消化はゆるやかになり、食物繊維や微量栄養素の摂取量もアップします。

●主菜・・・タンパク質と脂質の供給源

育筋にもっとも必要な肉、魚、豆腐などタンパク質をとるためのメインのおかずです。ホルモンや細胞膜の材料となる脂質も含まれます。

●副菜・・・ビタミン、ミネラル、食物繊維の供給源

野菜やきのこ、海藻を主体としたおかずを2品。1品は野菜炒めなどボリュームがあるものにしたらもう1品は漬物やおひたしなど小鉢的なアイテムに。

●汁・・・水分の供給源

体に一番必要な栄養素は実は水で、育筋中は2〜2・5Lの水分が必要です。毎食汁物で水分をとることで、胃が満たされて過度な食欲が抑えられます。

以上を踏まえて献立を組み立てる中で、主菜に油を使ったから副菜はおひたしにする、といった具合に脂質はとりすぎないように調整してください。

正しい食事のバランスが身につけば、一汁三菜の形をとらない献立にも応用できるようになります。たとえばオムライスを食べる場合、卵と少量のお肉があるものの、これでは十分なタンパク質はとれません。野菜も足りていないので、大豆か豆腐を加えた野菜スープを添えるといった具合です。

これがパン食になってもご飯がパンに置き換わるだけで、主菜、副菜の考え方は変わりません。

麺類など1品ものを外食するとこのバランスを整えるのが難しいのですが、麺を少なめにしつつ、油脂の多いスープは残し、肉や野菜などのトッピングを利用してバランスをできるだけ近づけてください。

必要な栄養素をバランスよくとれる一汁三菜の考え方が自分の中にしっかり根づくと、外食でもお弁当でも、自然と正しい食事を選べるようになり、健康的な育筋ができるようになります。外食や中食の選び方は5章で詳しく紹介しますので参照してください。

entry 17

野菜も立派な育筋食材
毎食両手1杯分を食べよう

・野菜も筋肉づくりに不可欠

・熱に弱い栄養素もある

・海藻、きのこ、こんにゃくも積極的にとる

・野菜の摂取量も手ばかり法でわかる

野菜からとれる栄養素も重要

筋肉のためにはビタミンとミネラル豊富な野菜も必要です。たとえばビタミンB群の一種、葉酸は体内で筋肉づくりをする際に必要なDNAを合成する働きがあります。また、カルシウムは筋肉の収縮に不可欠です。

ビタミンやミネラルの中にはビタミンCやカリウムなど熱に弱いものがあります。そのため副菜はサラダやおひたしなど加熱しないものもとるよう心がけましょう。果物からもビタミンCはとれますが、果糖が多いので1日1品程度に。

ビタミンB群とビタミンCは水に溶ける水溶性ビタミンで、それ以外のビタミンAやビタミンDなどは脂に溶ける脂溶性ビタミンです。植物油に多く含まれるビタミンEには抗酸化作用や血流改善効果があるため、若返りのビタミンとも呼ばれています。疲労回復効果もあることから運動後にも役立つ栄養素です。

脂溶性ビタミンは油脂と一緒にとると吸収がよくなります。かといってサラダなどに必ずしもマヨネーズやドレッシングをかける必要はありません。食事として一緒に食べる主菜の肉や魚に油脂が含まれているからです。

ビタミンやミネラルはとりすぎると過剰症を招くものもあるのでサプリメントは不要です。育筋食ならば過不足なくこれらを摂取することができます。

体脂肪を減らして筋肉量を増やす育筋食では、副菜として海藻やきのこ、こんにゃくもとるようにします。3つの食材の頭文字をとって「3K食材」と呼んでいますが、3K食材の優れた特徴はほとんどカロリーがないのに、食物繊維が豊富で満腹感が得られるという点です。特に食べすぎを自覚している方は、副菜や汁物として3K食材を積極的にとりましょう。

食物繊維には水に溶けない不溶性食物繊維と、水に溶ける水溶性食物繊維があります。きのこに多く含まれる不溶性食物繊維は胃腸で水分を吸収してかさが増すので満腹感を演出し、便のかさも増して腸を刺激するので便秘の改善にも貢献します。海藻に多く含まれる水溶性食物繊維は他の栄養素と粘着して胃腸をゆっくり移動するので満腹感を出し、コレステロールの吸収と血糖値の急激な上昇を抑えてくれます。

1食でとる野菜の量の目安

緑黄色野菜	淡色野菜
3分の1（40g）	3分の2（80g）
・いんげん　・オクラ　・かぼちゃ ・クレソン　・ケール　・小松菜 ・トマト　・チンゲン菜　・にら ・にんじん　・ピーマン ・モロヘイヤ　・ほうれん草など	・キャベツ　・きゅうり　・レタス ・れんこん　・なす　・白菜 ・大根　・ごぼう　・かぶ ・カリフラワー　・セロリ ・もやし　・にんにくなど

どちらも腸で善玉菌のエサとなって腸内環境を整えてくれるので、便秘や下痢、肌荒れを防いだり、免疫力を高める効果も期待できます。

1回の食事でとるべき野菜などの目安量は120gで、これを53ページのように手ばかり法で表すと、両手1杯。加熱すると片手一杯となります。このうち1／3はカロテンを豊富に含むトマト、にんじん、ほうれん草などの緑黄色野菜、あとの2／3はカロテンが少ない白菜、大根、もやしなどの淡色野菜です。これに3K食材を足せば、ビタミン、ミネラル、食物繊維を十分に摂取することができ、満腹感を得られるので、余分なカロリー摂取を抑えることができます。

entry 18

「一生モノの体をつくるために カルシウムで骨を強化」

- カルシウムが不足すると**骨から溶け出す**
- 骨からカルシウムが溶け続けると**骨粗鬆症に**
- **骨の強化**には**ビタミンD**も必要
- ビタミンDは**体内でも生成される**

❖カルシウムは骨に貯め込まれている

筋肉を育てる目的はダイエットや体力づくりだけでなく、一生モノの体をつくるためでもあります。そのためには骨の健康も重要となり、骨の主成分であるカルシウムの摂取も欠かせません。

カルシウムは筋肉の収縮、細胞分裂、血液凝固などに関係する、人の体に最も多く含まれるミネラルです。カルシウムは骨の主要な成分ですが、いい換えれば骨は重要なカルシウムの貯蔵庫でもあります。カルシウムが豊富な海中に棲んでいていつでも取り込める魚類と違って、私たち陸上の動物はカルシウム不足による体の機能低下を防ぐために、大量に骨の中に貯め込んでいるのです。

食事で摂取するカルシウムが不足すると骨に貯蔵しているカルシウムを血液中に溶かし出して補おうとします。それが続くと骨粗鬆症という、骨がスカスカの状態になってしまうのです。骨が弱まってしまっては筋トレどころか歩行もままなりません。

カルシウムはまさに体の屋台骨をつくる栄養素でありながら、すべての年代を通して不足しやすい栄養素でもあります。カルシウムは牛乳・乳製品のほか、大豆や大豆製品、チンゲン菜、オクラ、キャベツなどの野菜に多く含まれます。バラエティー豊かな育筋食でカルシウム不足も防ぎましょう。

❖カルシウムの吸収を高めるビタミンD

骨を丈夫にするためにはビタミンDも必要。ビタミンDはカルシウムの吸収を助ける働きがあるので、不足するとカルシウムの吸収率が低下してしまうのです。

ビタミンDは人により摂取量の差が大きい栄養素です。その理由は魚を食べるか食べないかの違いであると考えられています。そのため50歳以降は充足率が上がるのですが、若い20~40歳代では不足しがちです。育筋食では魚も毎日の生活に取り入れることをすすめていますので、実践することでビタミンDもしっかりとれるでしょう。

ビタミンDが多い魚はいわしの丸干し、鮭、さんまなどです。ほかにもしらす

カルシウムが豊富な食品

1日あたり男性700～800mg、女性650～750mgはとるようにしましょう。

食品	1食あたりの量	カルシウム量（mg）
牛乳	コップ1杯（200mL）	230
プロセスチーズ	2切れ（30g）	190
木綿豆腐	1/2丁（130g）	180
しらす干し	大さじ1（10g）	25
桜えび	大さじ1（3g）	60
ひじき	1鉢（10g）	180
小松菜	1鉢（80g）	140

干しなら大さじ2杯で1日の摂取目安量をカバーできます。魚以外では卵やきのこに多く含くまれています。

食品からとるビタミンDの必要量は1日あたり5・5μgですが、1日の必要量は15μgです。では、不足している約10μgはどうしているかというと、体内で生成しています。

体内でビタミンDを生成するためには、紫外線を浴びる必要があります。日光浴時間は環境省、骨粗鬆症財団など団体によって推奨時間に多少の差はありますがだいたい30分程度。特に意識をしなくとも、一般的な生活であれば通勤や買い物などを通じて十分な日照を浴びているはずなので、心配ありません。

entry 19

うっかりとってしまう隠れ糖類&脂質に注意

- スポーツ飲料には大量の砂糖
- 調味料でもうっかり糖類
- 砂糖の代わりにオリゴ糖を
- ヘルシー食材にも隠れ脂質

❖ジュース・調味料などの糖質に注意

それほど量は食べていないのに太ってしまうという人がいますが、その原因のひとつは少量で高カロリーな「隠れた糖」を多くとっていることです。

隠れた糖のひとつは砂糖（ショ糖）。ブドウ糖と果糖が結合したもので、分子が小さいので消化吸収が速く、少量で高エネルギーです。

健康によいからとスポーツ飲料を飲んでいる人が多いのですが、スポーツ飲料は汗で失われるミネラルやビタミンだけでなく、即効性の高いエネルギー源として砂糖も大量に含んでいて、激しく動くのでなければ不要です。他にも甘い飲み物のほとんどは、想像以上に砂糖が使われているのでひかえましょう。

果物には果糖、ブドウ糖、砂糖が含まれていますが、最も多く含まれるのは果糖。果糖は血糖値を上げないので果物はいくらとってもよいという人がいますが、これは誤り。ブドウ糖が少ないので血糖値を上げにくいのは確かですが、果糖は体内で余ればブドウ糖に変わり、エネルギーが過剰な場合は体脂肪として貯蔵されてしまいます。野菜や果物のジュースには砂糖が加えられているものが少なくないので、食品表示ラベルを見て選んでください。

もう1つの隠れた糖は「異性化糖」。異性化糖はトウモロコシなどの植物から抽出、精製したブドウ糖の一部を果糖に変化させた液状の天然甘味料。砂糖と異なるのはブドウ糖と果糖が結合していないこと。果糖が含まれる割合が高い順に、高果糖液糖、果糖ブドウ糖液糖、ブドウ糖果糖液糖とよばれます。

清涼飲料水、ソース類、ドレッシング、ケチャップ、カツオや昆布つゆ、餃子のタレなど、強い甘味、旨味を感じるものには異性化糖が多く含まれています。こういったものにも十分注意を払う必要があります。

普段調理で砂糖を多く使う人は、オリゴ糖に代えるのがおすすめです。オリゴ糖はブドウ糖や果糖の分子が数個つながった少糖類ですが、難消化性といって体内に吸収されず、そのまま大腸に届きます。血糖値をほとんど上げることがなく、摂取エネルギーと体脂肪を増やす心配がありません。また大腸内で善玉菌のエサになって腸内環境を整える効果もあります。

大豆食品に含まれる脂質とタンパク質

食品	カロリー (kcal)	1食あたりの量	脂質（g）	タンパク質（g）
水煮大豆	140	100 g	6.7	12.9
納豆	100	1パック（50 g）	5	8.25
木綿豆腐	108	1/2丁（150 g）	6.3	9.9
生揚げ	150	1/2丁（100 g）	11.3	10.7

ただしオリゴ糖は砂糖よりも甘さがひかえめなので、たくさん使いがちですが、とりすぎるとお腹がゆるくなりやすいので注意してください。

脂質は糖類以上に少量で高エネルギーな栄養素。かつ、意外なところに潜んでいます。

アボカドはヘルシー食材として扱われていますが、脂質が多く、1個で約20gも含んでいます。大豆も実は脂質が多く、木綿豆腐1丁で約13gにもなります。大豆製品はタンパク質補給食品ですが、油揚げになると1枚あたりタンパク質は約6gに対し、脂質は約10gも。大豆や大豆製品は、肉や魚と違って脂肪の少ないものを選ぶことも、脂肪の多い部分を取り除くこともできません。動物性、植物性に偏らずバラエティー豊かにタンパク源をとりましょう。

entry 20

「ちりも積もってしまう代理摂食に注意！」

・食べていないのに太る人は**食習慣に注意**

・お腹がすいていないのに**食べていないかチェック**

・**もったいない、せっかくだから**は厳禁

・食べる以外の**ストレス解消法**を見つけよう

❖太る人には太る食習慣がある

太りやすい食習慣に「過食」「早食い」「夜間摂食」「代理摂食」などがあります。過食はエネルギーのとりすぎですから、使いきれないエネルギーが体脂肪として貯蔵されるのは当然です。先ほどお話しした隠れ糖類や隠れ脂質のとりすぎも過食の一種です。

早食いは血糖値が上がって脳が満腹を感じる前に食べ進んでしまうので、結果的に過食につながります。「食べた」という心理的充足感が得られないため、あとになってお菓子や甘い飲料などをとってしまいやすいのも問題です。

晩ご飯にドカ食いしてしまう、晩ご飯の後に果物やデザートなどを食べる、ゆっくり晩酌をする、晩ご飯と就寝時間の間が1～2時間程度と短い、などが夜間摂食。夜間は筋肉をはじめ、体の組織や器官の活動が低下して消費エネルギー量が抑えられるので、摂取エネルギーが余って体脂肪として蓄積されやすくなります。

また、夜間摂食をする人は朝食を食べなかったり、昼と晩ご飯の間の空腹時間が長い傾向にあり、この間に筋肉が分解されているという問題もあります。

代理摂食は、生理的な食欲と無関係に飲食してしまう食行動です。自分に当てはまるものがないか、チェックしてみましょう。

・気晴らし食い

人間関係などで起こる不安やイライラといった心理的なストレスを感じると、その解消のためにスナック菓子やスイーツなどを食べてしまう。［○・×］

・残飯処理

昨日の残り物、子供が残した食べ物、賞味期限が切れそうな食べ物などを「もったいない」という気持ちから食べてしまう。［○・×］

・付き合い食い

会社の同僚に手渡されたおみやげ、親戚や知人の家で出された食べ物などを「人間関係を円滑にしたい」という気持ちから食べてしまう。［○・×］

・衝動食い

ミーティングで出されたお茶菓子、デパ地下の試食などにほぼ無意識のうちに

手を出していて、いつの間にか食べてしまう。【○・×】

最も典型的かつ、肥満に直結する代理摂食は「気晴らし食い」です。ストレスは気晴らし食いだけでなく、過食や夜間摂食などほかの太りやすい食習慣にもつながるので、ストレスのコントロールはダイエット、育筋をする上でとても大切になります。ストレスの対処法は111ページであらためてお話をします。

こういった太りやすい食習慣をもっていないにもかかわらず、太りやすい、痩せにくいと口にする方が少なくありません。実はこのほとんどは「記憶違い」によるもの。人は自分が頑張ったことをだけを繰り返して思い返したり人に話をしたり、逆にマイナスなことは思い出さないようにするものです。

食べていないのに太るという人は、厳しい食事制限をした日のことを鮮明に覚えている一方で、夜中にお菓子をたくさん食べてしまったり、宴会やビュッフェでお腹いっぱいに食べてしまった日の記憶が薄れているのです。この記憶違いを正すには、口にするものを記録するセルフ・モニタリングが効果的です。これについては次のページでお話をします。

entry 21

記録することで自分の食生活を意識することが大切

・口にしたものは**記録しておく**

・できれば**時間やボリューム**についても**メモ**

・**体重**も**毎日計測**して**記録**

・**水分摂取量**にも気をつけよう

❖記録すれば自分の食事が意識できる

それほど食べているつもりはないのに太るという人は、口にしたものを記録するセルフ・モニタリングがおすすめです。

食事だけでなく何かを口にするたびにメモしておきましょう。そうすることで客観的に自分の食生活を見つめ直し、カロリーのとりすぎだけでなく、栄養のアンバランスや食配分の偏りなどを防ぐことができます。

記録というと面倒な気がするかもしれませんが、大切なことは自分の食行動を客観的に把握して見つめ直すことですから、初めは食べたものを書いていくだけでも構いません。それも面倒であれば写真を撮るだけでもよいでしょう。

慣れてきたら、さらに自分の食行動を詳細に把握するため、「食べた時間」と「食事に費やした時間」「主食、主菜、副菜、汁物（水分）」それぞれのボリューム感をメモするとさらに食生活、食行動の改善につながります。

朝ごはん　7：30　・10分間　・パン1枚とハムエッグとコーヒー〈主食○　主菜△　副菜×　汁物△〉

昼ごはん　12：30　・15分間　・チャーハンと肉餃子とラーメンスープ〈主食○　主菜△　副菜×　汁物○〉

晩ごはん　21：00　・30分間・牛丼（ご飯と肉大盛り）と豚汁〈主食○　主菜○　副菜○　汁物○〉

といった具合です。これをメモしておくだけでも、「今日は副菜をほとんど食べていないから、明日は野菜を意識して食べよう」などと意識するようになり、少しずつ食行動が改善されていくはずです。

育筋のためには食事だけでなく、体重と体脂肪率を量ってレコーディングすることも大切です。毎日量るのが大変なら、少なくとも週に1回量って記録しておくようにしましょう。そうすることで食事量と体重、体脂肪率の関係がより鮮明になるので、食行動の改善がしやすいはずです。食べたものを入力したり画像を送ると1日の摂取カロリーや栄養素やバランスを計算してくれるアプリなどを利

何かを口にしたらチェック

	朝	昼	夜	間食
開始時間	7時30分	12時	21時	15時30分
所要時間	10分	15分	30分	5分
主食	○	○	○	
主菜	△	△	○	
副菜	×	×	○	
汁物	△	○	○	

用するのもよいでしょう。

ここで汁物、水分について触れておきたいと思います。育筋中は食べ物に含まれる水とは別に、水を2~2・5L程度飲むことを推奨します。水分をとることで過剰な食欲と食事量が抑えられるからです。

ただしコーヒーや紅茶などは利尿作用があるため、カウントしません。お酒も同様に利尿作用がある上にエネルギー量も多く、食欲増進作用もあるので、カウントしません。

カウントするのはみそ汁やスープ内の水分、ミネラルウォーターや麦茶、ハーブティーなどです。おすすめなのは炭酸水。爽快感があるだけでなく、炭酸が満腹感を演出するからです。

entry 22

「食事と同時に睡眠を改善 筋肉は眠っている間に大きくなる」

・入眠後3時間以内に成長ホルモン

・睡眠の質が低いと筋肉も大きくならない

・1日7時間半睡眠を目指そう

・睡眠不足になると食欲増進ホルモンが

❖睡眠不足では筋肉は育たない

育筋食を始めたら、ぜひ見直してもらいたいのが睡眠です。筋肉がタンパク質を取り込んで大きくなるのは主として眠っている間。とはいえ睡眠は単に時間が長ければよいというわけではありません。睡眠中は深いノンレム睡眠と浅いレム睡眠が交互に現れますが、体づくりはノンレム睡眠時に行われるからです。とりわけ、入眠してからの3時間以内は成長ホルモンの分泌が盛んになって骨や皮膚などの修復と合成がされるので睡眠のゴールデンタイムと呼ばれています。

もちろん時間も大切です。筋肉内の疲労物質が除去されて酸素と栄養が補給され、筋肉が十分に回復するには4～5時間では足りず、少なくとも6時間、できれば7～8時間必要です。実際、優秀で長期間活躍するスポーツ選手はとても睡眠を大切にしています。

つまり、せっかく育筋食をとって筋トレをしても、睡眠の質が悪かったり時間が不足しているとうまく筋肉をつくることができないのです。

では、質のよい睡眠をとるにはどうしたらよいでしょうか。76ページで説明したように、太陽の光も睡眠の質をコントロールしている一因です。寝る時間はまちまちであっても、一定時間に起きて朝日を浴び、朝食を食べるようにしてください。人は意図的に眠ることはできなくても意図的に起きることはできるので、入眠時間ではなく起床時間を調整するほうが体内時計を整えやすいのです。

休みの日の起床時間と入眠時間が平日と大きく異なると体内時計がズレやすいので、休日に夜更かしをしたり昼ごろまで寝るのは避けましょう。頭や体の疲れが抜けずに眠り足りないと感じる場合は起床時間を1～2時間遅らせる程度にとどめ、プラス30分～1時間程度の昼寝をするようにしてください。

コントロールしにくい入眠ですが、できる限り入眠しやすい環境を整えることは大切です。脳が興奮状態のままでは就寝から入眠までに時間がかかり、睡眠の質も低下します。ブルーライトは脳を刺激するので、就寝前はスマホやパソコンを操作しないようにしましょう。布団に入る1時間から30分前には蛍光灯は消して間接照明にし、テレビも消してゆったりした音楽を聴くなどしてリラックスし

睡眠時の成長ホルモン分泌

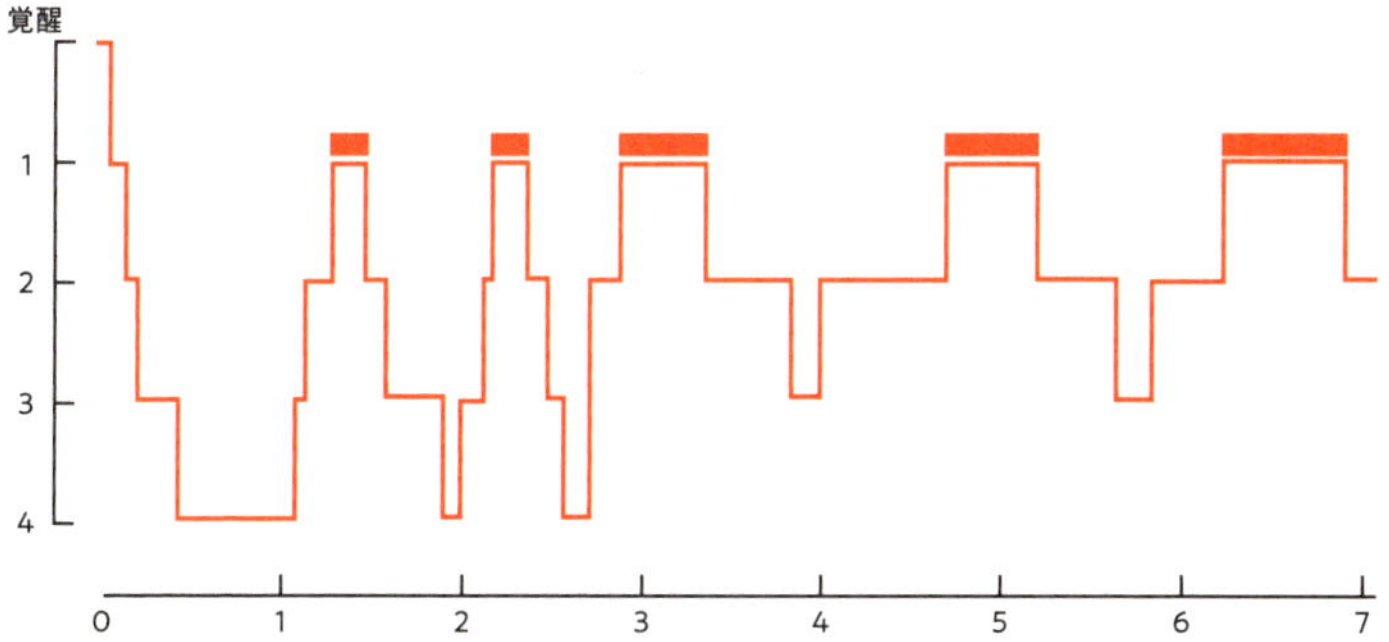

※ オレンジの四角はレム睡眠を表しています。四角と四角の間にあるのがノンレム睡眠です。
（Dement&Kleiman.1957より）

て過ごしましょう。

人間は眠りに入るとき、1度ほど体温が下がります。就寝1時間ほど前に入浴しておくと、入浴で上がった体温が下がるタイミングと入眠のタイミングが合い、自然な眠りにつけます。

ただし、熱い湯につかってしまうと自律神経が興奮モードになり、寝づらくなってしまうので温度は低めに。ぬるめのお湯にゆっくりつかれば筋肉の疲労もやわらぎます。

また、寝る直前に何かを食べてしまうと、寝つきが悪くなるので食事はできるだけ寝る3時間前までにすませておくようにしましょう。

就寝直前の筋トレや有酸素運動も同様に入眠を妨げます。激しい運動は就寝の2時間前までに終わらせます。リラックス効果の高いストレッチは就寝前にもおすすめです。ベッドに座った状態で始め、仰向けになって終わり、その後は息を鼻から吸って口から吐く腹式呼吸で心身をリラックスモードに切り替えましょう。

❖ 7時間半睡眠で心身ともにリフレッシュ

先ほどお話ししたとおり、睡眠は質の次に時間も重要です。

眠りは深い眠りのレム睡眠と、浅い眠りのノンレム睡眠とが交互に現れていることはみなさんご存じでしょう。レム睡眠は語源となっているRapid Eye Movementからもわかるように、目が忙しく動いていて脳は目覚めている状態。一方で全身の力は抜けていて体を休息させています。ノンレム睡眠は心拍数も減り、血圧も下げて体も脳も休んでいる状態。このレム睡眠とノンレム睡眠は90分1セットになっていて、眠り始めのころはノンレム睡眠の割合が多く、それがだんだんとレム睡眠のほうが長くなりながら目覚めを迎えます。このレムとノンレムの睡眠を1セットに考え、睡眠時間は90分単位で調整するのが理想的です。

睡眠の最大の目的は脳の疲労を解消し、記憶を整理するということ。それだけであれば4セット6時間で睡眠は足ります。しかし、体の疲労をとるにはそれではまだ足りません。5セット7時間半を目指してください。

78ページでお話ししたとおり、就寝時間が遅くなると食欲が増進して夜間摂食や過食を招きやすくなります。睡眠の重要性はそれだけではありません。101ページで過食や夜間摂食、代理摂食などエネルギーのとりすぎを招く背景はストレスであるとお話ししました。ストレスを和らげるには瞑想や呼吸法などのリラクセーション法が知られていますが、実は睡眠が最も効果的なリラクセーション法なのです。

睡眠中は副交感神経の働きが優位になって、心身の緊張が和らいでいきます。深く十分な睡眠をとるとストレスホルモンの濃度が下がって心拍数、血圧ともに下がり、心理的なストレスも和らぐのです。

また睡眠には嫌な記憶を薄れさせる効果があり、これがさらに心理的ストレスを和らげてくれます。食事の見直しと同時に、睡眠の見直しも行いましょう。

Column #3

ダイエット成功のカギはストレスコントロールにあり！

太ってしまう人とそうでない人。それを決定づけるのは運動量の差よりも食事量の差です。

そして食事量が多い人は何らかの強いストレスを抱えていることが少なくありません。ストレス解消のために過食、代理摂食、飲酒などをして、それが体脂肪の増加を招いているのです。

逆にいえば、ストレスをコントロールすることがダイエット成功のカギになるといえます。

ストレスを和らげるには第一に睡眠をしっかりとること。ゆっくりと入浴をする、音楽を聴いたり映画を見るなど穏やかな時間を持つ、趣味を持つ、気の置けない人と会って話をする、なども大切です。３分程度のゆったりした腹式呼吸もストレスを緩和します。

ストレッチ、筋トレ、有酸素運動にもストレス軽減効果がありますので、ぜひ取り入れてみてください。

4章

おいしくて筋肉も育つ育筋レシピ

基本の筋肉献立

理想のバランスの和食

高カロリーな油を使わずに調理ができ、水分が多いので満腹感も得やすい煮物は優秀メニューです。しかし、家庭料理の定番「肉じゃが」は糖質が多いじゃがいもがメインでお肉がサブなので主菜としては△。同じ煮物ならば肉と豆腐メインの高タンパクな肉豆腐が◎です。肉じゃがを作るなら、じゃがいもを減らして肉を増やし、大根などを足しましょう。

味噌汁に豆腐が入っていますが、主菜が肉じゃがだと糖質が多くタンパク質が足りません。

主菜を肉豆腐に替えるとともに小鉢にちくわのほか、糖質が少ないブロッコリーもプラス。味噌汁になめこを足し、ご飯を玄米に替えることで食物繊維量も増えたため、血糖値の急激な上昇も防ぐことができます。

肉豆腐

ひとり分：398kcal

タンパク質：22.7g

材料（2人分）

牛小間肉……100g
木綿豆腐……1丁
しいたけ……2枚
えのき……100g
ねぎ……1本

A
- 酒……大さじ2
- しょうゆ……大さじ3
- みりん……大さじ3
- 水……3/4カップ

七味唐辛子……お好みで

作り方

1. 豆腐は水気を切り食べやすい大きさに切る。しいたけは軸を取り、えのきは石付きを切り落としてほぐしておく。ねぎは斜め切りにする。
2. 鍋にAと豆腐、しいたけ、えのき、ねぎを入れ、中火にかける。煮立ってきたら牛肉をほぐしながら入れ、アクを取りながら10分ほど煮る。
3. 器に盛り、好みで七味唐辛子をふる。

野菜とちくわのごま和え

ひとり分：109kcal

タンパク質：6.4g

材料（2人分）

ブロッコリー(ゆで)……100g
トマト……1/2個
ちくわ……1本
しょうゆ……大さじ1/2
白すりごま……大さじ2
はちみつ(またはオリゴ糖)……小さじ1

作り方

1. ブロッコリーとトマトは一口大に切る。ちくわは輪切りにする。
2. ボウルにしょうゆ、すりごま、はちみつを混ぜておく。
3. 2に1の材料を入れて和える。

豆腐となめことねぎの味噌汁

ひとり分：81kcal

タンパク質：7.5g

材料（2人分）

木綿豆腐……100g
カットわかめ……大さじ1
なめこ……1パック
ねぎ……10g
だし……400mL
味噌……大さじ1/2

作り方

1. 豆腐は角切りにする。ねぎは小口切りにする。なめこはざるに入れ流水でさっと洗う。
2. 鍋にだしを入れて火にかけ、沸いてきたら豆腐とわかめを入れる。
3. 味噌を溶き入れ、なめこを加え火を止め、器に盛ってねぎをちらす。

基本の筋肉献立

満足度の高い洋食セット

魚に多く含まれる良質な脂質のオメガ3系の脂肪酸は、揚げると油に溶け出すだけでなく、酸化して健康にマイナスな過酸化脂質に変化してしまいます。また揚げ物はカロリーを押し上げ、老化を引き起こすAGEも増やすのでなるべく控えましょう。ポテトやマカロニ、コーンは主菜として考え、副菜に使う場合は主食の量を減らします。

一見バランスのよい食事に見えますが、糖質が多く血糖値が上がりやすいのと脂質が多い点で改善が必要。

鮭はフライではなくソテーにするだけで脂質がダウン。パンは全粒粉パンに変え、マリネやミネストローネなどでたっぷりの野菜を加えることで、ビタミンやミネラル、食物繊維が大幅にアップします。

鮭のレモンマリネ

ひとり分：338kcal

タンパク質：21.7g

材料（2人分）

生鮭……2切れ
たまねぎ……1/4個
ピーマン……1個
セロリ……1/2本(50g)
レモン……1/2個
小麦粉……適量
サラダ油……大さじ1
A
- めんつゆ(3倍濃縮)……大さじ2
- 水……1/2カップ
- 酢……大さじ1/2

作り方

1. 鮭は一口大に切り、小麦粉を薄くまぶす。たまねぎは薄切り、ピーマンはヘタと種を取り除き千切り、セロリは茎の部分は薄い短冊に切り、葉は粗く刻む。レモンは薄切りにする。
2. Aをバットに合わせ、たまねぎ、ピーマン、セロリ、レモンもなじませておく。
3. フライパンにサラダ油をひき、鮭を焼き、火が通ったら2のマリネ液に漬け、なじませる。

温野菜サラダ

ひとり分：166kcal

タンパク質：3.5g

材料（2人分）

ブロッコリー……60g
カリフラワー……1/2株
にんじん……1/4本（小）
A
- オリーブ油……大さじ2
- 粒マスタード……大さじ1
- はちみつ（またはオリゴ糖）……少々

作り方

1. ブロッコリーとカリフラワーは小房に分ける。にんじんは半月切りにする。
2. フライパンに1と水1カップ（分量外）を入れ、ふたをしてから火をつけ中火で3～4分蒸してざるに上げ、そのまま粗熱をとる。
3. ふたがある容器にAを入れ、よくふる。
4. 蒸し上がった2の野菜に3をかける。

大豆入りミネストローネ

ひとり分：171kcal

タンパク質：7.2g

材料（2人分）

ソーセージ……2本
たまねぎ……1/3個
大豆（蒸し）……40g
にんじん……1/4本
いんげん……4～5本
ローリエ……1枚
オリーブ油……大さじ1/2
野菜ジュース（無塩）……1カップ
水……1カップ
塩……小さじ1

作り方

1. ソーセージは輪切りに、たまねぎ、にんじんは角切りにする。いんげんは小口切りにする。
2. 鍋にオリーブ油をひき、中火で1と大豆とローリエを炒める。たまねぎが半透明になってきたら水と野菜ジュースと塩を加え、5分煮る。

タンパク質がとれる主菜レシピ

育筋食にとって主なタンパク源となる主菜は特に重要な1皿です。ランチで肉を食べたら昼は魚を食べるなど偏らないようにしましょう。卵料理と大豆料理には牛乳をプラスしてタンパク質を補ってください。肉・魚料理で注意したいのは脂質をとりすぎないようにすることです。素材自体に脂質の少ないものを選ぶようにするのはもちろん、調理法でも余分な油を使わないように注意。特に夕食は1日のメインの食事としている人が多く、高カロリー食になりやすいので気をつけてください。

タンパク質が豊富な食材 肉・魚編

鶏むね肉(皮なし)
タンパク質
22g

鶏ささみ
タンパク質
23g

豚ヒレ肉
タンパク質
22.2g

サーモン
タンパク質
22.5g

ぶり
タンパク質
21.4g

牛もも肉
タンパク質
19.5g

ちくわ
タンパク質
12.2g

たらこ
タンパク質
24g

たこ
タンパク質
22g

※タンパク質量は100gあたり

作りおきできる育筋の味方・鶏ハム

平日は調理する時間がないという人でも休日にすぐに食べられる主菜をストックすれば、無理なく育筋食が続けられます。冷蔵なら夏で２日冬で３日、冷凍なら３～４週間保存が可能です。冷蔵の場合はできあがったら水気を拭き、新しいラップに巻いて保存。冷凍の場合、水気を拭いた後、食べやすい大きさに切ってジッパーバッグへ。

１本分
296kcal
タンパク質
58.3g

材料（作りやすい分量）

鶏むね肉……１枚
（皮なし 250g くらいのもの）
塩……小さじ 2/3
きび糖……小さじ 1/2

Point

加熱時間は２分。沸騰させすぎず、火を止めるのが正解です。

作り方

1. 鶏むね肉に塩ときび糖をすり込む。
2. 鶏むね肉をラップで包みアルミホイルで包んだらポリ袋に入れ、空気を抜いて口を縛る。
3. 鍋に２と水 2L を入れ、鶏むね肉が浮いてこないように落としぶたをして弱中火で熱し、お湯が揺らぐくらいに沸騰した状態で２分加熱する。
4. 火を止めたらふたをして、中の湯が完全に冷めるまでおいておく。

ひとり分
482kcal
タンパク質
31g

鶏ハム活用レシピ

よだれ鶏風中華麺

材料（2人分）

鶏ハム……2/3 本
きゅうり……1 本
中華麺……2 玉
<たれ>
にんにく（すりおろし）……小さじ 1/2
しょうが（みじん切り）……1/2 片分
鶏がらスープの素……小さじ 2
水……1/4 カップ
しょうゆ……大さじ 1 と 1/2
黒酢……大さじ 1
ラー油……大さじ 1/2
はちみつ……大さじ 1
トマト（粗みじん切り）……1/4 個

作り方

1. 鶏ハムは薄切りに、きゅうりは千切りにする。
2. 中華麺をたっぷりの湯で好みの硬さにゆでて冷水で締め、水切りして器に盛る。
3. きゅうりと鶏ハムを盛りつけ、混ぜ合わせたたれをかける。

ひとり分
225kcal
タンパク質
30.1g

鶏ハム活用レシピ

鶏ハムカプレーゼ

材料（2人分）
鶏ハム……1本
トマト……1個
しそ……14枚
オリーブ油……適量
塩……適量

作り方
1. 鶏ハムは薄切りにし、トマトは薄い半月切りにする。しそは茎を切り落とす。
2. 器に鶏ハム、トマト、しその順で並べてオリーブ油と塩をかけていただく。

ひとり分
209kcal
タンパク質
20.9g

その他の主菜レシピ

ロースト豚ヒレ アップルマスタードソース添え

材料（2人分）
豚ヒレ肉……180g
塩……小さじ 1/3
あらびき黒こしょう……大さじ 1/2
サラダ油……大さじ 1/2
クレソン……適量
<アップルマスタードソース>
りんご……正味 100g
はちみつ（またはオリゴ糖）
……小さじ 1
粒マスタード……大さじ 1 強

作り方
❶ 豚ヒレ肉に塩、黒こしょうをまぶしつける。5 分ほど室温においてなじませる。
❷ フライパンにサラダ油を中火で熱し、フライパンが十分に温まったところに❶を置き、1 面につき 1 分強、4 回に分けて焼く。その後、アルミホイルに包み魚焼きグリル（またはオーブントースター）で弱火で 3 分焼き、そのまま 5 分おき、落ち着いたところで切り分ける。
❸ ソースを作る。りんごの芯と皮を取り、薄切りにして水大さじ 2 を入れ、電子レンジ（600w）で 3 分加熱し、粗熱がとれたらミキサーで撹拌する。
❹ 粒マスタードとはちみつ、りんごを混ぜ、クレソンと一緒に添える。

ひとり分
207kcal
タンパク質
13.3g

その他の主菜レシピ

ぶりの韓国風

材料（2人分）

ぶり(刺身)……100g
サニーレタス……適量
しそ……適量
白髪ねぎ……適量
<ソース>
しょうゆ……大さじ 2
コチュジャン……大さじ 1
ごま油……大さじ 1
ねぎ(みじん切り)……1/3 本

作り方

1. ソースの材料を混ぜる。
2. サニーレタスにぶりの刺身をしそや白髪ねぎと一緒にのせ、1のソースをかけて包んでいただく。

タンパク質がとれる副菜レシピ

野菜の中にもたんぱく質が多く含まれているものがあります。とはいえ肉・魚といった食品にはかなわないため、野菜食で育筋を完成させるのは無理があります。しかし、タンパク質が足りないときにはそんな野菜を知っていると調整しやすくなります。

野菜の場合、それ自体の脂質や糖質が低いため、カロリーオーバーの心配がないこと、ポリフェノールや食物繊維など、野菜ならではの栄養素がとれるのが利点。
1日トータルのバランスを見ながら、上手に取り入れていきましょう。

タンパク質が豊富な食材 野菜編

モロヘイヤ
タンパク質
4.8g

ほうれん草
タンパク質
2.2g

ブロッコリー
タンパク質
4.3g

枝豆
タンパク質
11.7g

アスパラガス
タンパク質
2.6g

紫キャベツ
タンパク質
2g

大豆もやし
タンパク質
3.7g

オクラ
タンパク質
2.1g

グリーンピース
タンパク質
6.9g

※タンパク質量は 100g あたり
※枝豆は大豆の一種なので、主菜の食材として考えます。

野菜ストック法

❶買ってきたらすぐに調理してしまう

野菜はそのままおいておくとどんどん栄養価が低下します。買ってきたらすぐに手を加えて冷蔵または冷凍保存しておきましょう。冷蔵なら種類にもよりますが２～３日、冷凍であれば１か月程度は使えます。

❷冷凍するときは使いやすさを考える

長期間保存できる冷凍は便利ですが、ゆでてそのまま冷凍してしまうと、全部いっぺんに使わなければいけなくなります。１回分ずつ小分けにしてラップをするなど、使うときの分量を考えて冷凍するようにしましょう。

❸意外な野菜も冷凍できる

きゅうりのような水気が多い野菜もたとえば輪切りにして塩もみをして水分をしぼってからであれば冷凍したあとも自然解凍で美味しく食べられます。山芋はすりおろしてから、トマトは角切りにしてなど、ひと手間加えて保存しましょう。

カリフラワー

小房に分けてゆでてから水気を切り、キッチンペーパーを敷いた保存容器に入れて。ブロッコリーも同様に保存できます。加熱調理に使う場合には固ゆでにしておく。

ほうれん草

ほうれん草や小松菜などの葉物野菜はゆでたら水気を切り、キッチンペーパーに包んで保存容器へ。冷凍する場合は切った後バットにちらして冷凍してから保存バッグへ。

きのこ類

えのきやエリンギなど、数種類のきのこを使いやすい大きさに切ってから混ぜて保存バッグに入れて冷凍。くっつきにくくそのまま使える。味も栄養も冷凍するとアップ。

ひとり分
250kcal
タンパク質
15.9g

副菜レシピ

ばくだん豆腐

材料（2人分）

木綿豆腐……1丁
オクラ……1本
めかぶ……大さじ2
納豆　（ひきわり）……1パック
キムチ……20g
卵黄……2個
ごま油……小さじ2
しょうゆ……少々

作り方

1. オクラはへたをとり、さっと洗ってラップで包み、電子レンジ（600W）で20秒加熱してから冷水にとり、水気を拭いてみじん切りにする。
2. 器に半分に切った豆腐を盛り、1のオクラ、キムチ、納豆、めかぶを盛りつけ中央に卵黄をのせる。
3. ごま油としょうゆをかけていただく。

ひとり分
86kcal
タンパク質
6.8g

副菜レシピ

モロヘイヤと納豆のたまねぎスライス

材料（2人分）

モロヘイヤ……1 束
たまねぎ……1/2 個
梅干し……1 個
小粒納豆……1 パック
しょうゆ……小さじ 2
黒酢……小さじ 2

作り方

1. モロヘイヤは葉と茎に分ける。たまねぎは薄切りにし、梅干しは種を取ってたたく。
2. お湯を沸かし、モロヘイヤの茎を入れ 1 分ゆでたら、葉を加えさらに 30 秒ゆでる。ゆで上がったモロヘイヤは冷水にとってから水気を絞り、茎は細かく刻み、葉はざく切りにする。
3. モロヘイヤとたまねぎ、梅干しを混ぜて器に盛り、納豆をのせてしょうゆと黒酢をかけていただく。

ひとり分
84kcal
タンパク質
9.9g

まんぷく副菜 3K

えのきとしらたきのたらこパスタ風

材料（2人分）

えのき……200g
しらたき……200g
たらこ……50g
めんつゆ……大さじ 2 ～ 3
しそ……5 枚

作り方

1. えのきは石付きを落とし、ほぐす。しらたきは熱湯をかけてさっとアク抜きをし、冷水にとり、ざるに上げてざく切りにする。たらこは薄皮をとる。
2. フライパンにえのきとしらたき、たらこ、めんつゆを入れ、水 1/4 カップ（分量外）も加え、ほぐしながら中火で汁気が飛ぶまで炒める。
3. 器に盛りつけ、千切りにしたしそをのせる。

副菜の味方３Ｋ食材とは？

ローカロリーで食物繊維が豊富だから、食の「かさまし」におすすめの食材。

K こんにゃく　K きのこ　K 海藻

ひとり分
150kcal
タンパク質
11.2g

まんぷく副菜 3K

もずくとしいたけの玉子焼き

材料（2人分）
卵……3 個
もずく……30g
しいたけ……1 枚
牛乳……大さじ 2
みりん……大さじ 1/2
しょうゆ……小さじ 1
サラダ油……大さじ 1

作り方
1. ボウルに卵を割りほぐし、牛乳、みりん、しょうゆと一緒に白身を切るように混ぜる。
2. 1にもずく、薄切りにしたしいたけを入れて混ぜる。
3. 玉子焼き用フライパンにサラダ油を熱し、中火で2を 3 ～ 4 回に分け、巻きながら焼いていく。
4. キッチンペーパーなどで包み、5 分ほど休ませてから切り分ける。

ひとり分
262kcal
タンパク質
22.6g

まんぷく副菜 3K

刻みこんにゃくの鶏つくね

材料（2人分）

鶏ひき肉……150g
こんにゃく(アク抜き済)……60g
豆腐……50g
ねぎ……1/3 本（30g）
塩……小さじ 1/4
酒……小さじ 1
のり……全形 1 枚
A［酒、しょうゆ、みりん］……各大さじ 1
サラダ油……大さじ 1/2

作り方

1. こんにゃくとねぎはみじん切りにする。
2. ボウルに1、鶏ひき肉、豆腐、塩、酒を入れ粘りが出るまで手で混ぜ、8 等分にする。
3. のりを 8 等分に切り、2のせて巻く。これを 8 個作る。
4. フライパンにサラダ油をひき、3を転がしながら弱中火で焼く。全体的に焼き色がついたら A を入れ、ふたをしてフライパンを時々ゆすりながらたれを絡めて焼く。

坂詰式スープストック

スープは工夫次第で、1品で主菜と副菜を兼ねることができる優秀メニュー。スープストックを作っておけば調理時間が短くなるので忙しい人にも手軽。坂詰式のチキンと野菜のあっさりスープなら、はじめの具材を食べきってしまっても、新たな具を追加してさまざまな味にアレンジできるので毎日食べても飽きません。

ひとり分
301kcal
タンパク質
23.9g

材料（2人分）

鶏手羽元……12本
セロリ……1本
キャベツ……1/2個
水……1L
塩……小さじ1/2
酒……大さじ1
たまねぎ……1個
にんじん……1本

作り方

❶ たまねぎとキャベツはくし形切り、セロリは細いところはぶつ切り、下の太いところはぶつ切りにしてから2〜3等分に縦に切り分ける。にんじんは輪切りにする。
❷ 鍋の中に鶏肉を入れ塩、酒をふってもみ込んでから❶の野菜を重ねていく。
❸ 水を入れ、ふたをして火にかけ、中火で20分煮る。

Point
粗みじん切りにしたトマトを入れればトマトスープにも。

ひとり分
465kcal
タンパク質
32.1g

スープアレンジレシピ

フレンチポトフ風スープ

材料（2人分）

基本のスープストック……1/2 量
フランクフルト……2 本
ブロッコリー……1/3 株
塩……小さじ 1/2
あらびき黒こしょう……少々

作り方

1. 鍋にスープを入れ、小房に分けたブロッコリー、切り目を入れたフランクフルト、塩を加えてふたをし、ブロッコリーに火が通るまで 5 分煮る。
2. 器に盛り、あらびき黒こしょうをふる。

ひとり分
433kcal
タンパク質
34g

スープアレンジレシピ

インドカレー風スープ

材料（2人分）
基本のスープストック……1/2 量
ゆで卵……2 個
グリーンピース……60g
カレー粉……大さじ 1 強
しょうゆ……大さじ 1

作り方
1 鍋に材料をすべて入れて 5 分ほど煮る。
2 ゆで卵を食べやすく切り、器に盛る。

ひとり分
438kcal
タンパク質
32.5g

スープアレンジレシピ

韓国スンドゥブ風スープ

材料（2人分）

基本のスープストック……1/2量
木綿豆腐……2/3丁
キムチ……200g
大豆もやし……1/4袋
ごま油……大さじ1/2

作り方

1. 鍋にスープとキムチ、大豆もやしを入れ、中火で5分ほど、もやしに火が通るまで煮る。
2. 器に粗くくずした豆腐を入れ、ラップをかけて電子レンジ（600w）で2分加熱する。
3. ②に①のスープを盛り、ごま油を回しかける。

ひとり分
379kcal
タンパク質
35.5g

スープアレンジレシピ

タイトムヤンクン風スープ

材料（2人分）

基本のスープストック……1/2 量
えび（ブラックタイガー）……6 尾
スナップえんどう……8 本
豆板醤……小さじ 2
ナンプラー……大さじ 1
酢……大さじ 1
香菜……適量
レモン……厚切り 1 枚

作り方

1. えびは殻を外し、背に切り込みを入れて背ワタをとり、洗って水気を拭く。スナップえんどうはへたと筋をとり、半分に切る。香菜は茎の部分は細かく刻み、葉の部分はざく切りにする。レモンは半月切りにする。
2. 鍋にスープを入れ、豆板醤、ナンプラー、酢を加えて中火にかけ、沸騰してきたところにえびとスナップえんどうを加える。えびに火が通るまで 5 分ほど煮る。
3. 器に盛り、香菜とレモンをのせる。

ひとり分
353kcal
タンパク質
29.2g

スープアレンジレシピ

あさりと豆苗の中華風スープ

材料（2人分）

基本のスープストック……1/2 量
あさり……殻付 80g
豆苗……1/2 パック
卵……1 個
塩……小さじ 1/2

作り方

1. あさりは砂抜きしておく。豆苗は根を切り落とし、半分の長さに切る。
2. 鍋にスープを沸かし、塩を入れ沸騰してきたらあさりを入れる。豆苗を入れ、あさりが開いたら溶き卵を回し入れ火を止める。
3. 鶏肉は骨を外して器に盛る。

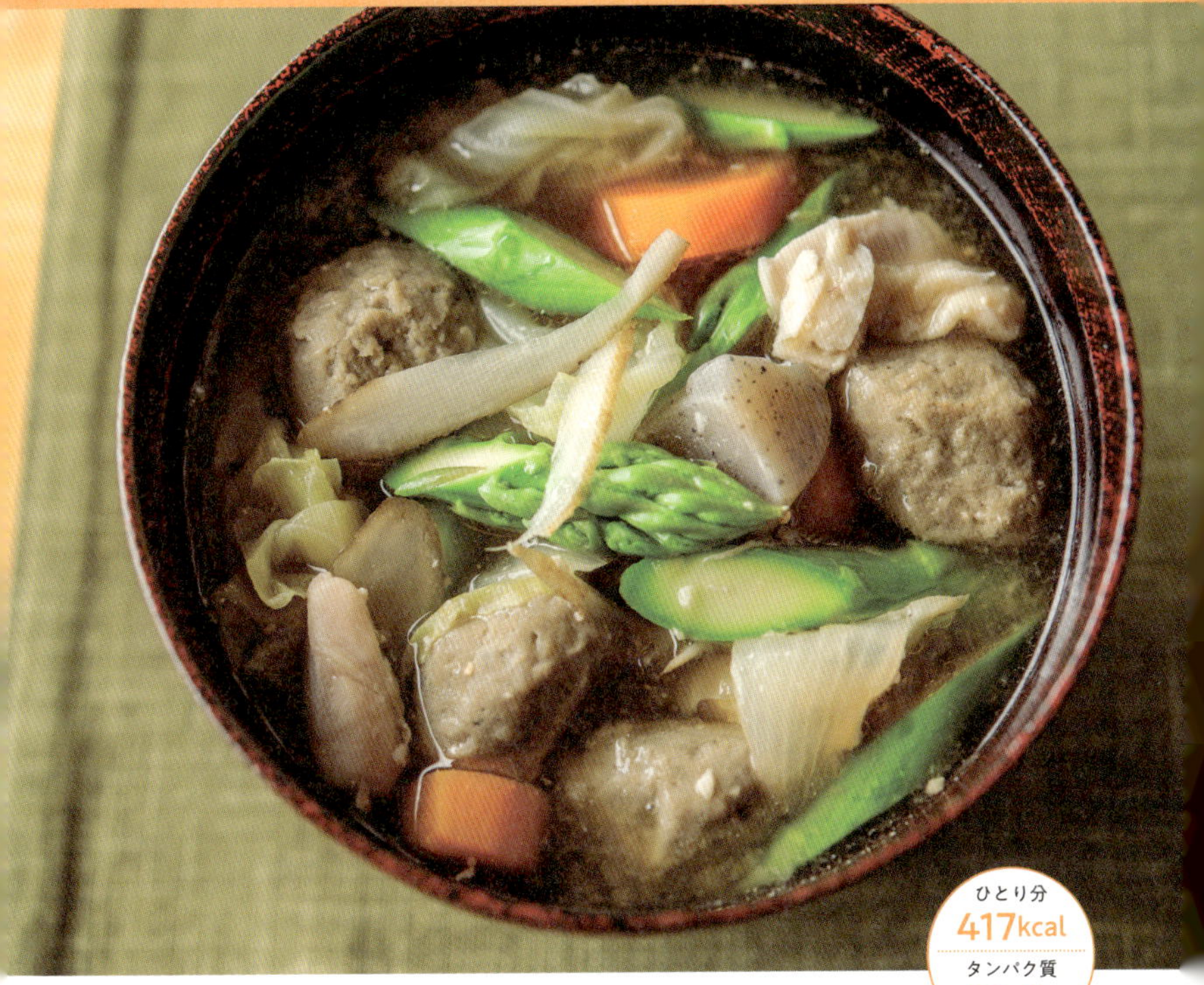

ひとり分
417kcal
タンパク質
33.8g

スープアレンジレシピ

具だくさんつみれ汁風スープ

材料（2人分）

基本のスープストック……1/2量
いわしつみれ（市販）……100g
こんにゃく……100g
アスパラガス……4～5本
ごぼう……60g
味噌……大さじ2～3

作り方

1. こんにゃくはスプーンなどで一口大にちぎり、アスパラガスは斜め切りにする。ごぼうはささがきにする。
2. 鍋にスープと1といわしつみれを入れ、ふたをして中火で10分煮る。
3. 味噌を溶き入れたら火からおろし、器に盛る。

手軽に作れる朝・昼筋肉ごはん

筋肉朝ごはん和食 Ver.

忙しい朝は食事もついつい手を抜きがちですが、育筋食では朝食をしっかり食べることが大切というのはすでに説明した通りです。レンジを使って手軽に調理する、野菜サラダや浅漬けを作りおきしておくなどの工夫をして、できるだけバランスのよい一汁三菜に近づけましょう。朝食に坂詰式スープストックを役立てるのもおすすめです。

サラダは作りおきもOK

レンジで手軽に

ひとり分
759kcal
タンパク質
49.2g

坂詰式スープストックにしても！

鮭のレンチン蒸し

ひとり分：129kcal　タンパク質：12.1g

材料（2人分）

塩鮭（甘口）……半切れ
酒……大さじ1
キャベツ…… 100g
にんじん……50g

作り方

❶ 鮭は半分に切って酒をふりかけておく。
❷ 細切りにしたキャベツとにんじんを耐熱容器に入れ、❶をのせラップをして電子レンジ（600W）で3～4分加熱する。
❸ 器に盛る。

モロヘイヤと豆腐の卵とじ味噌汁

ひとり分：116kcal　タンパク質：10.3g

材料（2人分）

モロヘイヤ……1/2束
木綿豆腐……100g
卵……1個
だし……2カップ
味噌……大さじ1/2

作り方

❶ モロヘイヤは茎の部分は細かく、葉はざく切りにする。豆腐は角切りにする。
❷ 鍋にだしを入れて火にかけ、沸騰してきたらモロヘイヤを入れる。アクが出たら取り除き、豆腐を加え味噌を溶き入れる。
❸ 溶き卵を流し入れ、卵に火が通ったら器に盛る。

ちくわと大豆のほうれん草サラダ

ひとり分：317kcal　タンパク質：22g

材料（2人分）

ちくわ……2本
大豆（蒸し）……100g
ほうれん草……1/2束
A ┌ポン酢……大さじ1
　│水……大さじ1
　└ごま油……大さじ1

作り方

❶ ほうれん草は熱湯でゆで、冷水にとって水気を絞り、食べやすい長さに切る。ちくわは斜め切りにする。
❷ ボウルに❶と大豆を入れよく混ぜたAを加えて和え、器に盛る。

筋肉朝ごはん洋食 Ver.

スクランブルエッグは卵料理の中でも短時間、簡単にできるメニューのひとつ。枝豆以外にも野菜やベーコンやツナ缶など、さまざまな食材と相性がよいので朝食にはとても便利です。ソーセージはスクランブルエッグと同時にフライパンで作る、サラダに使う野菜を電子レンジで加熱するなどの時短アイデアを取り入れていきましょう。

電子レンジで手軽に

フライパン1つで手軽に

ひとり分
760kcal
タンパク質
33.6g

そのまま食べられるパンが便利

枝豆スクランブルエッグ with ソーセージ

ひとり分：278kcal　タンパク質：15.2g

材料（2人分）
卵……2個　枝豆……50g(正味)
牛乳……大さじ1　サラダ油……大さじ1/2
塩……1つまみ　ソーセージ(大)……4本
こしょう……少々

作り方
1. ボウルに卵を溶きほぐし、牛乳、塩、こしょう、枝豆を入れて混ぜる。
2. フライパンにサラダ油を弱中火で熱し、1を一気に加え、木べらなどで混ぜながら、半熟に焼き、器に盛る。
3. 同じフライパンに、切り込みを入れたソーセージを入れ、切り込みが開いてくるまで焼いたらスクランブルエッグとともに盛りつける。

あさりのミルクスープ

ひとり分：194kcal　タンパク質：8.6g

材料（2人分）
たまねぎ……1/4個
ベーコン……1枚(30g)
あさり……殻付き80g　サラダ油……小さじ1
ローリエ……1枚　牛乳……1と1/2カップ
塩……小さじ2/3　あらびき黒こしょう……少々

作り方
1. たまねぎは1cm角、ベーコンは細切りにする。あさりは砂抜きしておく。
2. 鍋にサラダ油を熱し、ベーコン、たまねぎを炒める。たまねぎが透明になってきたらローリエとあさりを入れてさっと炒め、牛乳を加える。
3. あさりの殻が開いてきたら塩を入れて火を止める。器に盛り、黒こしょうをかける。

にんじんとブロッコリーのサラダ

ひとり分：75kcal　タンパク質：2.0g

材料（2人分）
にんじん……1/2本
ブロッコリー(ゆで)……60g
A ヨーグルト……大さじ2
A マヨネーズ……大さじ1
A にんにく(すりおろし)……少々

作り方
1. にんじんはスライサーで千切りにし、耐熱容器に入れ、ラップをして電子レンジ(600w)で1分加熱しそのまま冷ます。
2. 1にゆでたブロッコリーを入れ、Aをかけていただく。

ひとり分
548kcal
タンパク質
26.4g

昼ごはんのレシピ

筋肉ビビンパ

手軽に作れるお家ランチ

材料（2人分）

豚もも肉（しゃぶしゃぶ用）……150g
大豆もやし……1/2袋
にんじん……1/3本（60g）
ほうれん草……1/2束（100g）
焼肉のたれ……大さじ2
塩・ごま油・おろしにんにく（チューブ）……各適量
白すりごま……大さじ3
雑穀ご飯……360g
半熟卵……2個
サラダ油……大さじ1/2

作り方

1. フライパンにサラダ油を熱し豚肉を焼く。色が変わってきたところで焼肉のたれをかけ炒める。
2. 大豆もやしはひげ根をとり、にんじんは千切りにする。ほうれん草はざく切りにする。それぞれを耐熱容器に入れて電子レンジ（600W）で各2分ずつ加熱し、温かいうちに塩・ごま油・おろしにんにくを加え混ぜ、すりごまも加えて和える。
3. ごはんを器に盛り、1と2をのせ、半熟卵を中央にのせる。

ひとり分
553kcal
タンパク質
32.4g

昼ごはんのレシピ

手羽のポン酢煮弁当

時短で作れる
筋肉弁当

材料（2人分）

<手羽のポン酢煮>
鶏の手羽元……6 本
ポン酢……1/4 カップ
水……1/4 カップ
ごま油……大さじ 1
<アスパラガスのフラン>
卵……1 個
牛乳……1/4 カップ
アスパラガス……2 本
ピザ用チーズ……30 g
塩……一つまみ
こしょう……少々
<雑穀豆ご飯>
雑穀ご飯（炊き上がり）……300g
枝豆……40g（正味）

作り方

1. 手羽のポン酢煮を作る。鶏の手羽元の骨に沿って切り込みを入れる。
2. フライパンにごま油を熱し、1を焼く。表面に焼き色がついたらポン酢と水を加え、ふたをして 10 分ほど弱中火で煮る。
3. 汁気が多いときには強火にして絡め焼きする。
4. アスパラガスのフランを作る。アスパラガスは斜め切りにする。
5. ボウルに卵を割りほぐし、牛乳、アスパラガス、チーズ、塩、こしょうをしてシリコンカップに 1/2 量ずつ入れる。
6. 電子レンジ 600 w で 2 分加熱し庫内でそのまま粗熱を取る。
7. 雑穀豆ご飯を作る。炊き上がった雑穀米に、ゆでた枝豆を混ぜ込む。

Column #4

プロテインパウダーの上手な利用法

人間にとって食事は単なる栄養補給の手段ではなく日々の大切なライフイベント。ですから本書では、栄養補助食品（サプリメント）はではなくさまざまな食品で構成され、栄養バランスが整って楽しみながら体づくりができる育筋食を推奨しています。

とはいえ、栄養補助食品を否定しているわけではありません。仕事などの事情で理想的な食事がとれなかったとき、不足する栄養を補うために利用していただくのは育筋にとってプラスになります。

代表的な栄養補助食品といえば、簡単にタンパク質を補給できるプロテインパウダー。忙しくて主菜をとれない朝、会食のメニューやお弁当で主菜が不足しているとき、間食をとりたいが買い物に行けないとき、食欲がわかないときなど、また肉や魚が苦手な人にとって、心強い味方になります。

5章

筋肉がよろこぶ外食・中食の選び方

entry 23

「コンビニはチルド惣菜にも注目 単品アイテムで育筋食を」

・主食はできれば玄米や雑穀米、全粒粉のパン
・主菜は加工が少ないものを
・揚げ物はできるだけやめておく
・一汁三菜の栄養バランスに近づける

トレンドに敏感なコンビニの惣菜はヘルシー

一人暮らしの方に限らず、昼食や夕食などをコンビニで買って食べる、いわゆる中食派の人も少なくないでしょう。コンビニはファミリーだけでなく単身者や夫婦2人世帯を意識しているため、お弁当類だけでなく調理済み単品食品、チルド食品のラインナップが豊富です。選択肢が多いので、上手に組み合わせれば「主食、主菜、副菜、汁物」で構成される、低カロリーで栄養バランスのとれた育筋食を手軽にそろえることができます。しかもほとんどが1人用サイズなので、余ったぶんを代理摂食（残飯処理）してしまう心配もありません。

主食となる食品としては、玄米ご飯や雑穀米のおにぎり、全粒粉のパンなどが揃っています。これらはビタミンやミネラル、食物繊維などの栄養素が豊富なだけでなく、消化吸収に時間がかかるので、育筋食の主食としてピッタリです。

主菜となる肉料理、魚料理も種類が豊富ですが、脂質の少ないサラダチキンや焼き鳥、焼き魚や煮魚を選び、油脂の多いひき肉を使ったハンバーグやソーセージ、鶏のから揚げなどの揚げ物はできるだけひかえましょう。揚げ物の油は単にカロリーを押し上げるだけでなく、時間が経つと油が酸化して毒性を持った過酸化脂質に変化するのも問題です。過酸化脂質は細胞を老化させる原因物質で、動脈硬化、心筋梗塞、脳卒中、認知症などをまねきます。

また油を多く使って調理された肉や魚にはタンパク質が糖と結合した「AGE＝終末糖化産物《しょうまつとうかさんぶつ》」という、もう1つの老化原因物質も多く含まれています。AGEは体内でさまざまなタンパク質を劣化させ、皮膚のシワやたるみの原因になるだけでなく、動脈硬化や骨粗鬆症、認知症のリスクとなります。

揚げ物を食べる場合は、抗酸化作用を持つカロテンが豊富な緑黄色野菜、ビタミンCが豊富な淡色野菜をしっかりとってください。また抗糖化作用があるクエン酸を多く含むレモン汁やお酢をかけるか、酢の物や柑橘類をとりましょう。

副菜になる野菜サラダやスティックも種類が豊富ですが、油の多いドレッシングやディッピングは少量にしましょう。副菜と汁物を兼ねた具たっぷりのミネストローネや豚汁などもおすすめです。

コンビニアイテムで一汁三菜

以下は組み合わせの一例です。

4品での組み合わせ例

・玄米おにぎり　・焼き魚
・野菜スティック　・わかめスープ

3品での組み合わせ例

・玄米パン　・サラダチキン
・野菜・果汁ミックスジュース

2品での組み合わせ例

・牛丼　・野菜の味噌汁

このように必ずしも、一汁三菜でなくとも、それに近い形で栄養バランスをとることは可能です。お好みと予算に合わせて、栄養成分を確認しつつ楽しみながら食品選びをしてみてください。

entry 24

「外食するなら単品メニューが豊富な定食屋やファミレス」

・ファミレスは意外と健康志向

・麺1品の食事はひかえめに

・麺類で選ぶならそば

・米麺は糖質が高いので注意

定食屋やファミレスは育筋の味方

ランチなどで外食をする場合、一汁三菜のバランスがとりやすいのは定食屋や、ファミリーレストランです。雑穀米が選べるようになっていたり、肉類のつけ合わせもポテトやコーン、マカロニではなく、野菜サラダになっているなど、栄養バランスに配慮している店も増えてきています。

栄養バランスをとりにくいのはパスタ、うどんなどの麺類。麺類は粉食でお米よりも消化吸収が速いこと、また噛む時間が少なく、その結果食事時間も短くなりがちなのも注意すべき点です。麺類を選ぶポイントについてお話しをします。

パスタランチの場合、大抵パンが添えられている一方で、主菜と副菜にあたるものがほとんどありません。またランチタイムは、サイドメニューが選べない店が多いので、なるべく「具だくさん」のパスタを選ぶようにしましょう。

ペペロンチーノの場合、タンパク質量は約14gと、パスタ自体のタンパク質量程度しかとれませんが、具だくさんのペスカトーレなら40g程度になります。たらこパスタも意外とタンパク質量が多く、30ｇを超えます。カルボナーラで25ｇ程度、ミートソースは22ｇ程度です。ただしタンパク質の多い具材は同時に脂質も多くなるのでご注意ください。

パスタのカロリーを押し上げるのは、調理時とソースに使われる油です。パスタを選ぶ場合は、ソース類とパスタ自体を少し残して調整しましょう。

うどんとそばならカロリーが低いのはうどんですが、血糖値を上げにくいのは食物繊維が多く含まれるそばです。また、そばには動脈硬化予防に働くルチンなどのビタミン、ミネラルも豊富です。うどん１００ｇに含まれるタンパク質は6ｇ程度、そばは10ｇ程度なので、麺単品だけでみた場合はそばのほうが優秀です。

ただしパスタ同様、そばもうどんもどうしてもそば単体、つまり主食に偏りがちです。うどんのほうが比較的、トッピングやサイドメニューが選びやすいので、食事という意味ではうどんに軍配があがるでしょう。

うどんは普通盛りか少なめにして、トッピングに牛肉、温泉卵、わかめをのせて、サイドメニューとしてなすの天ぷらとかぼちゃの天ぷらを選び、ただし衣は半分程度はがして食べましょう。サイドメニューのいなり寿司、おにぎりは主食の二重取りになるのでNGです。

ラーメンも単品になりがちなので、チャーシューか角煮、ほうれん草やもやしなどの野菜類をトッピングして栄養バランスを整えましょう。お肉の脂が多い場合は取り除いてください。スープは油脂が多いので、あらかじめ脂少なめか脂抜きを選んで、カロリーを抑えましょう。もちろん、主食の二重取りになるチャーハンは避けてください。

同じ麺類であれば、長崎チャンポンは副菜にあたる野菜がたっぷりトッピングされています。これに主菜にあたる肉餃子を追加すると食事バランスが整いますが、小麦でできた餃子の皮は主食に相当しますので、そのぶん麺を少し残しましょう。

ベトナムフォーははじめから主菜の肉、副菜の野菜類がトッピングされ、スープに油脂が含まれないので、単品でも優れた育筋食です。いずれにしても栄養バランスをとってカロリーを抑えるために、麺類は1日1食にしましょう。

entry 25

「飲み会でも一汁三菜を意識する」

・おつまみは**刺身、焼き魚、冷奴、枝豆、もつ煮**がおすすめ

・**お酒は主食**として考える

・お酒で気がゆるんで**食べすぎないよう注意**

・**適切な飲酒量**を知って楽しく飲む

❖高カロリーなおつまみにも、お酒自体にも注意

飲みに行くと栄養バランスが偏り、摂取エネルギー量が多くなりがちです。お酒を飲む際は食事選びと同様、一汁三菜を意識しておつまみを選びましょう。

主菜としてのおすすめは低脂肪高タンパクな刺身や焼き魚。魚、とりわけサンマやイワシなどの青魚には悪玉コレステロールを減らすオメガ3系脂肪酸も多く含まれています。刺身の量が少ない場合は、冷奴や枝豆、もつ煮などを追加してください。油脂が多くて高カロリーな鶏のから揚げやイカリングなどは、飲酒量も増やしやすいので避けるべきです。

副菜となるのは冷やしトマト、浅漬け、野菜サラダなど。2人以上でシェアする場合は、必ず2品以上オーダーしましょう。

では主食はどうかというと、お酒そのものが主食にあたります。「アルコールはすぐにエネルギーとして使われるので太らない」という人がいますがこれは誤り。私たちは安静時に貯蔵した体脂肪を分解して主なエネルギー源にしているの

ですが、飲酒時はアルコールがこれにとってかわるため、本来減るべき体脂肪が減らなくなってしまうからです。またアルコールはすぐに大量のインスリンの分泌を促すので、一緒にとった糖や脂質が体脂肪として取り込まれやすいのも太りやすい理由のひとつです。これは糖質０ｇの蒸留酒であっても同様です。

アルコールはエネルギー源となる主食としてとらえましょう。飲酒の最後にどうしてもおにぎりやお茶漬けなどの主食を食べたくなった場合、ふだんの半分程度に量を減らして、さらに水を飲んでください。

アルコールはすぐに脳に到達して理性を司る大脳新皮質の働きを低下させて食欲を増します。その結果摂取エネルギー量が増えやすくなるのも大きな問題です。タバコの健康に対する悪影響はご存じの通りと思いますがアルコールも心身の健康にとって基本的には有害な物質です。

タバコ同様、アルコールもゆるやかに体に影響して脂肪肝、咽頭がん、中枢神経系の障害などのリスクを高めていきますが、タバコと違って怖いのは即時的に理性を失わせ、自分の一生を棒に振ってしまったり、人の人生を奪ってしまうよ

節度ある適度な飲酒量は?

1日平均純アルコールで約 20 gが節度ある適度な飲酒量です。

酒の種類	アルコール度数	アルコール量
ビール（中びん1本）	5%	20 g
清酒（1合）	15%	22 g
ウイスキー・ブランデー（ダブル 60mL）	43%	20 g
焼酎（35 度 /1 合）	35%	50 g
ワイン（1杯）	12%	12 g

うな行動を引き起こす可能性があることです。肥満につながる夜間摂食、代理摂食のひとつ「ゆるみ食い」も引き起こすので、育筋、ダイエットにとってもすすめられません。

健康的なアルコールの上限摂取量はアルコール量で40gとされています。ビールなら中びん2本、日本酒なら2合、ワインならボトル半分です。少ないと思いましたか？　しかし、これはアルコール健康医学協会が設定した上限であり、厚生労働省が「節度ある適度な飲酒量」としているアルコール摂取量はこの半分です。人によりアルコールの代謝能力は違いますので、自分にとって無理のないアルコール量に抑えるようにしましょう。

entry 26

一からの自炊が難しいときはレトルト食品に頼る

・レトルト食品をソースに使う
・タンパク質も缶詰などでストック
・プラスアルファのひと手間で料理に
・納豆などそのまま食べられる食品も

❖やはりバランスがいいのは自炊

これまで外食、中食についてお話をしてきましたが、栄養バランスやエネルギー量を考えたとき、できるだけ選びたいのはやはり自炊です。

4章では、私も実践しているあまり時間がかからず、それでいて栄養バランスもよいスープレシピなども紹介しているので、ぜひ取り入れてみてください。

できれば一から料理をすると、余分な添加物を摂取することもなく健康的なのですが、あまり時間がない、あるいは料理が苦手という人は、レトルト食品や缶詰などをストックしておくことで自炊が手軽になります。

レトルト食品ではあまり栄養価がよくないのでは？　と思ったかもしれません。しかし、そのまま食べるのではなく、具材を加えるのです。

スーパーに行ってみると、実にさまざまなレトルト食品が並びます。そういったもので自分が好きな味をストックしておいてください。スープカレーやミネストローネ、麻婆丼や中華丼のもとなど。こういったものはある程度具材が入っているので、これに肉や野菜などを少し加えるだけで、見た目もよい立派な主菜や副菜になります。たとえばスープカレーに冷凍のシーフードを加えたり、麻婆丼のもとになすを加えて煮込んで仕上げに溶き卵を入れる、といった具合です。

❖タンパク源も缶詰などでストックしておく

肉や魚などを買いに行けず、タンパク源がないときに便利なのは魚や鶏肉、大豆の水煮缶などです。ツナやサバの水煮は皿に移し、刻んだトマトと和えて軽くレンジにかけたあと、少量のオリーブ油としょうゆをかければイタリアン風の1品になります。大豆の水煮はスープカレーでもトマトソースでもよく合う万能食材です。

朝は特に時間がなく、主菜をとるのが難しいのですが、こういった食品をストックしておくことで、朝食でも簡単に育筋食を用意することができます。鮭フレークや納豆など、そのまま食べられるタンパク源も常備しておきましょう。

朝食ならプロテインを強化したグラノーラも市販されています。牛乳やヨーグ

ストックしておくと便利な食品

ルトをプラスすれば立派な育筋食に。コンビニのチルド惣菜もあると便利です。

すべてを一から用意しようと思うと面倒になり、食べて帰ろうとか、インスタントラーメンでいいやなど、諦めがちになってしまうものですが、1品でもあるだけでやる気が出るものなので、ストックをしておくことが大切です。

筋肉を育てるためにはタンパク源となる肉や魚などを一度に大量摂取するのではなく、小分けにして少しずつとることが大切。一度に消化吸収できるタンパク質は30g前後で、これ以上摂取しても筋肉でのタンパク質合成には貢献しないと考えられているからです。食品中のタンパク質は胃腸でアミノ酸に分解されて小腸から吸収され、血液に乗って筋肉など全身の組織や器官に運ばれます。

筋肉の合成は就寝中がメインですが、常時少しずつ筋肉の分解と合成は行われているので、材料となるアミノ酸が常に血液中にあることが望ましいのです。

推奨されるのは1日3食+1～2回の間食をとる分食をして、就寝中を除いて4時間以上の空腹をつくらないこと。分食とはいつもの食事量に間食を加えて摂取カロリーを増やすのではなく、食事の総量を保ったまま、小分けにして食べることを意味しています。体重、つまりエネルギー所要量によって異なりますが、150～250kcal程度が間食でとるエネルギー量の目安です。

間食といっても、もちろん糖類が多いスイーツやスナック菓子のことではありませんが、タンパク質だけでなくある程度糖質をとることも必要です。糖質をとって血糖値が上がると筋肉の合成を促すインスリンが分泌され、逆に血糖値が下がるとタンパク質の分解を促してしまうからです。

一般的に最も食事間隔が空きやすいのはお昼ご飯と晩ご飯の間の時間でしょう。

間食でタンパク質を補給

この時間に何かをつくって食べるというのは現実的ではありませんから、何か出来合いの食品をとることになります。脂質もタンパク質の分解と空腹感を抑える効果はあるものの、少量で高カロリーなので、タンパク質だけでなく脂質も多いナッツ類は避けたほうがよいでしょう。

ちなみに私の場合は1日3食＋2回の間食をとっています。近年は常温で保存ができて手軽に食べられるプロテインバーが増えてきたのでこれをバッグに入れておき、仕事の合間などにとっています。オフィスでは冷やしたギリシャヨーグルトやプロテインゼリーなどを食べています。

Column #5

筋肉は健康のもと 一生大事にしましょう！

自分の目標の体形、体重、体脂肪率を達成した後は筋トレや食事はどうすればよいのでしょう？

同じ努力を続けると必要以上に体脂肪が減って、健康にとってマイナスになりかねません。かといって筋トレや育筋食をやめてしまうのも誤りです。筋肉は増やす努力を怠れば、少しずつ減っていくからです。

体形を維持する努力は、変える努力の半分と考えてください。筋トレは週に２回ではなく、週１回行うだけで、筋肉量を維持していくことができます。

育筋食も一汁三菜、ＰＦＣバランス、分食など育筋食の基本をちゃんと押さえていれば、少々甘いものや揚げ物を食べても、時々適度なお酒を楽しんでも体形は維持できます。

筋肉は健康のもと。頑張って育てた筋肉を、大事に維持して充実した人生を歩いていきましょう！

6章

無理なく理想の体をつくる筋トレメニュー

entry 27

「1回20分週2回の筋トレでみるみる体が変わる」

- 1回20分の筋トレで十分効果あり
- 筋トレで最も重要なのは正しいフォーム
- 歯を食いしばらない程度の回数で
- 筋トレは週2回が効果的

週2回の筋トレで育筋効果がグッと高まる

育筋食を続けながら、意識的に体を動かすことで少しずつ筋肉は増えます。しかし、20代のころのような筋肉量を取り戻して基礎代謝を上げ、引き締まった若々しい体をつくるには、やはり筋トレが必要となります。

筋トレはハードなイメージがあるかもしれませんが、全身の一部の筋肉だけを使ってゆっくり行い、しかも少ない回数で効果が得られる運動なので実はそれほど辛いものではありません。簡単にいうと汗をうっすらかく程度の運動。筋トレ中に汗がしたたり落ちるほどであれば、それはやりすぎのサインです。

筋トレで一番大切なのは、より重いものをたくさん上げ下ろしすることではなく、各エクササイズを正しいフォームで行うこと。正しいフォームなら意外なほど最小の努力で筋肉は育ちます。種目数はたった6種目。この6種目のエクササイズを行うだけで下半身、体幹、上半身、そして体の表側と裏側をバランスよく鍛えることができます。時間にするとたったの20分程度です。

ものすごく重いバーベルなどを持つ必要もありません。そもそも自分の体をしっかり支えて動かせるだけの筋肉量があればよいので、重りは自分の体で十分。

各エクササイズの負荷もそれほどハードではありません。筋肉は6~10回程度反復できる負荷をかけると効率よく育ちますが、それは6回あるいは10回ギリギリできる負荷でなくてよいのです。「あと2回程度できる」余裕を持って行ってください。つまり8回ギリギリできる負荷を6回反復すればよいのです。

回数の見極めとして簡単な方法は表情です。歯を食いしばったり、顔をしかめたり、息が止まるようであればそれは限界の回数。そうなる前に反復をストップしてください。食いしばりは歯にダメージを与え、顔をしかめるとシワが増え、息を止めると血圧が上がるので、美容上も健康上もマイナスです。

6~10回の反復を1分前後の休息時間を挟んで3セット行います。筋肉は多数の筋線維という細長い細胞で構成されているのですが、すべてをまんべんなく使うには、3セット必要になるからです。

また筋トレを行う頻度は週に2回だけです。筋肉は負荷をかけた後に2~3日休ませる間にタンパク質を取り込んでグレードアップするからです。20分程度の運動を週に2回ですから仕事や育児で忙しい人でも、難しくないでしょう。

筋トレを行うタイミングはいつでもかまいません。タイミングを気にするあまり実施できなくなるより、実施するほうがよほど育筋につながるからです。

できるだけ避けたほうがよい時間帯は朝の寝起きと就寝直前。寝起きは体がまだONの状態になっておらず、寝る直前に筋トレをすると育筋に大切な睡眠を妨げやすいからです。食事直後は消化吸収のために筋肉の働きが弱まるので、間食後なら1時間、食事の後なら2時間程度空けてから行いましょう。

食後4時間を経過して空腹の状態で筋トレを開始するならば、事前に糖質を含むドリンクを飲んで、その後の食事は主食の量を少し減らしてください。

筋トレ終了時間と間食あるいは食事の時間が重なったら、まだ胃腸が働きやすい状態になっていないので30分ずらして食べてください。筋トレの後の食事まで2時間以上ある場合は、筋肉がエネルギー不足にならないように糖質を含むドリンクを飲み、やはりその後の食事の主食を少し減らしましょう。

entry 28

「無理はしなくてよいので少しずつ負荷を上げる」

- 最初から**頑張りすぎない**
- **筋肉の成長に合わせて**刺激を増やす
- 気分が乗らないときは**できる範囲で**
- どれくらいの負荷で行ったか**記録しておく**

❖無理なく少しずつ負荷を上げるのが結局、近道

筋トレで挫折してしまう人の典型は最初に頑張りすぎてしまうこと。頑張りすぎて、筋トレの刺激の強さで体も気持ちも折れてしまうのです。赤ちゃんが「寝返り、お座り、ハイハイ、つかまり立ち」と徐々に育つように、筋肉も少しずつ段階的に刺激を増やしていかないと、挫折を招いたり成長できないだけでなく、炎症や肉離れなどを起こしてかえって筋肉を退化させることになりかねません。

トレーニングの刺激を成長に合わせて少しずつ増やしていくことを「漸進性の原則」といいますが、以下にこの原則にしたがったトレーニングの進め方をご紹介します。これを参考にして少しずつ負荷を増やしていってください。

また気持ちが乗らないとき、仕事疲れで体が重く感じられるときには種目数や回数などを減らして行ってください。体を動かすことで気分転換になって、心身の調子が上がり、結果すべてのルーティーンをこなせることもあります。

・種目数

まずは下半身の2種目だけを行い、余裕がでてきたら体幹の2種目を

加え、さらに余裕が出てきたら上半身の2種目を加える。6種目をすべて行う場合は最も重要な下半身を先に鍛え、筋トレの正しいフォームづくりに必要な体幹を最後に行う。つまり「下半身➡上半身➡体幹」の順番で。

・フォームと動作の大きさ

174ページからの解説とイラストを参考に、正しいフォームで行うことが最重要。ただし負荷が強く感じる場合は脚や腕などを動かす幅を小さくし、筋力アップにしたがって徐々に大きな動作で行うようにする。

・負荷（回数、セット数、インターバル）

あと2回できる余裕を持って始め、少しずつ回数を増やしていく。左記の表を参考に、無理なく負荷を増やす。

・動作スピード

1秒で体を地面から離すように引き上げ、体を元の位置にゆっくりと下ろす。下ろす時間は2秒からはじめ、少しずつ4秒まで時間を延ばしていく。このとき呼吸は体を上げるときに息を吐き、下ろすときに息を吸う。

・頻度

2～3日の休息日を設けて週に2回行う。はじめの1～2週間は週に1回だけ行って余裕が出てきたら回数を2回に増やす。

・筋トレの負荷調節のまとめ

筋トレの刺激は左記の範囲で体力に合わせて漸増

させる。心身の状態によって微調整する。

筋トレの負荷調整

	弱		強
動きの大きさ	小	～	大
回数	6	～	10
セット	1	～	3
インターバル	90 秒	～	30 秒
下ろす動き	2 秒	～	4 秒

負荷調整の記録例

	動きの大きさ	回数	セット	インターバル	下ろす動き
月　日					
月　日					
月　日					
月　日					
月　日					
月　日					
月　日					
月　日					
月　日					
月　日					
月　日					
月　日					
月　日					
月　日					

基本のトレーニング

1.チェアー・スクワット

全身の6~7割の筋肉が集中する下半身をまんべんなく鍛えるエクササイズ。

鍛える部位
臀部：大臀筋／大腿前面：大腿四頭筋／大腿後面：ハムストリングス

回数	セット数	インターバル
6 ~ 10 回	1 ~ 3 セット	30 ~ 90 秒

Prepare＊準備

安定した椅子の座面の端にお尻をのせて、足を腰幅程度に開きつま先を正面に向ける。

かかとが浮く寸前まで足を手前に引き、両手を胸の前でクロスさせ、目線の下に膝がくるまで背すじを伸ばしたまま前傾する。

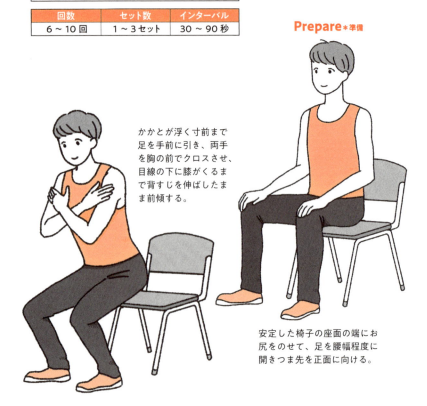

1

息を吐きながら1秒で、
膝とつま先を正面に向
けたまま立ち上がる。

NG!
足の外側に加重し、膝が
外側に開いてしまう。

2

息を吸いながら2～4秒かけ
て、お尻が座面に触れるまで
膝と股関節を曲げていく。

Point
胸を張り、背すじを
伸ばしたまま。

基本のトレーニング

2.ヒール・レイズ

体を下支えするふくらはぎの筋肉を鍛えるエクササイズ。

鍛える部位
ふくらはぎ：腓《ひ》腹《ふく》筋、ヒラメ筋

回数	セット数	インターバル
6～10回	1～3セット	30～90秒

Prepare＊準備

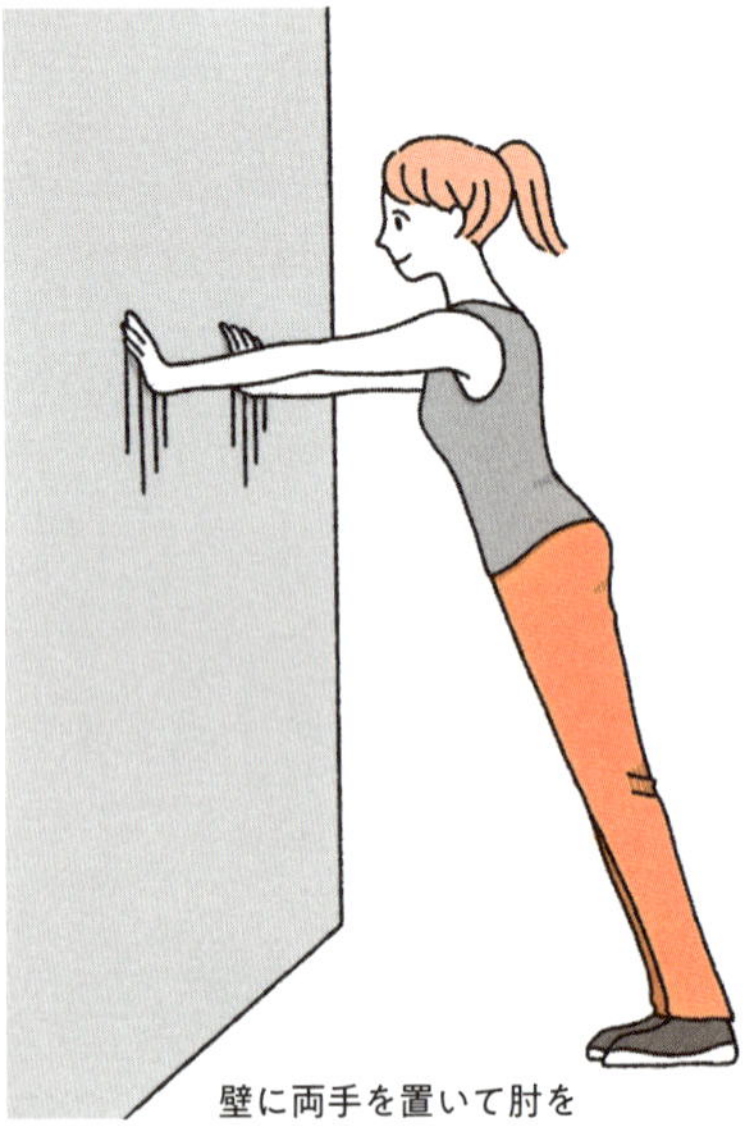

壁に両手を置いて肘を伸ばして立ち、足首が十分に伸びるまで両足を後ろに下げる。

一方の足をもう一方の足首にかけ、床につけた側の膝をしっかり伸ばす。

1

息を吐きながら１秒で、かかとをできる限り高く上げてつま先立ちになる。

NG!

膝を曲げ伸ばししてしまう。

Point

足の親指に力を入れてつま先立ちとなる。

2

息を吸いながら２～４秒かけて、床に触れるまでかかとを下ろす。

基本のトレーニング

3.プッシュ・アップ

床を押す動きで胸、肩、腕の筋肉を鍛え、引き締まった力強い上半身をつくる。

鍛える部位
胸：大胸筋／肩：三角筋／腕：上腕三頭筋

回数	セット数	インターバル
6 ~ 10 回	1 ~ 3 セット	30 ~ 90 秒

Prepare＊準備

うつ伏せ姿勢となり、片膝が床に着いた状態で、両手を肩幅の1.5倍程度に開いて腕を伸ばす。指を開き、斜め外側に向ける。

足をそろえ、頭までをまっすぐにして胸を張る。

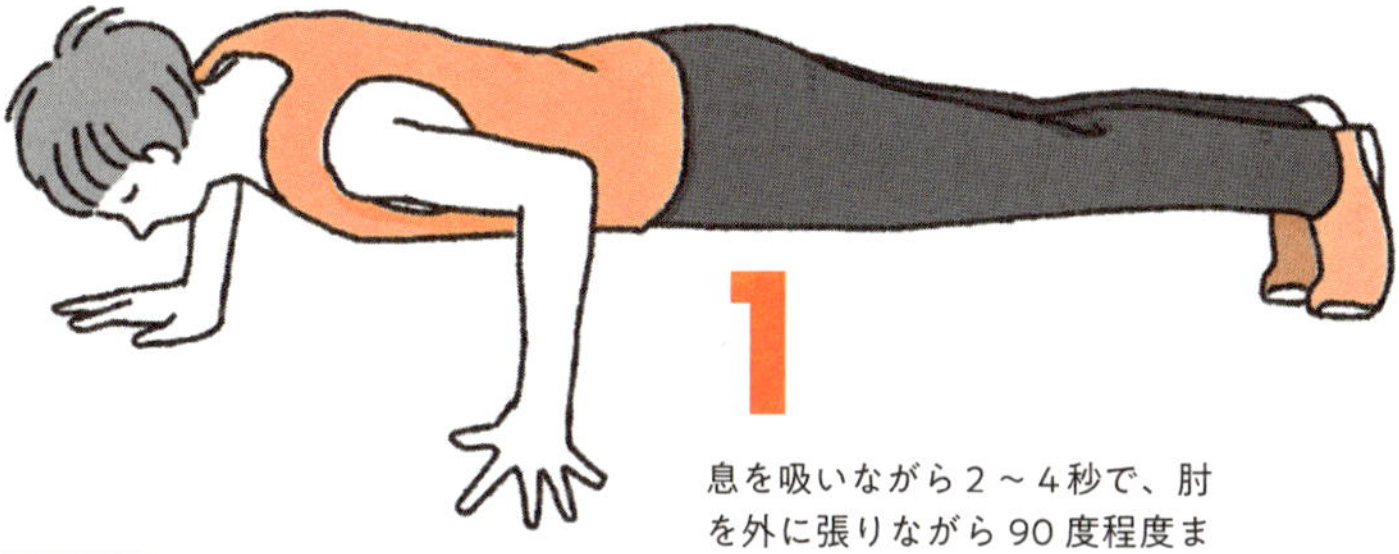

1

息を吸いながら2～4秒で、肘を外に張りながら90度程度まで曲げて体を床に近づける。

NG!

肘が下がったり、逆に開きすぎると肩に負担がかかる。

2

息を吐きながら1秒で、胸を張ったまま腕を伸ばして元に戻る。

Point

胸を張ったまま、腕を曲げ伸ばしする。

基本のトレーニング

4.ニール・ダウン

腕で体を支えることで、鍛えにくい背中の筋肉を刺激する。

鍛える部位
背中：広背筋

回数	セット数	インターバル
6～10回	1～3セット	30～90秒

両手を肩幅、膝を腰幅に開いて四つん這い姿勢をとって背すじを伸ばす。

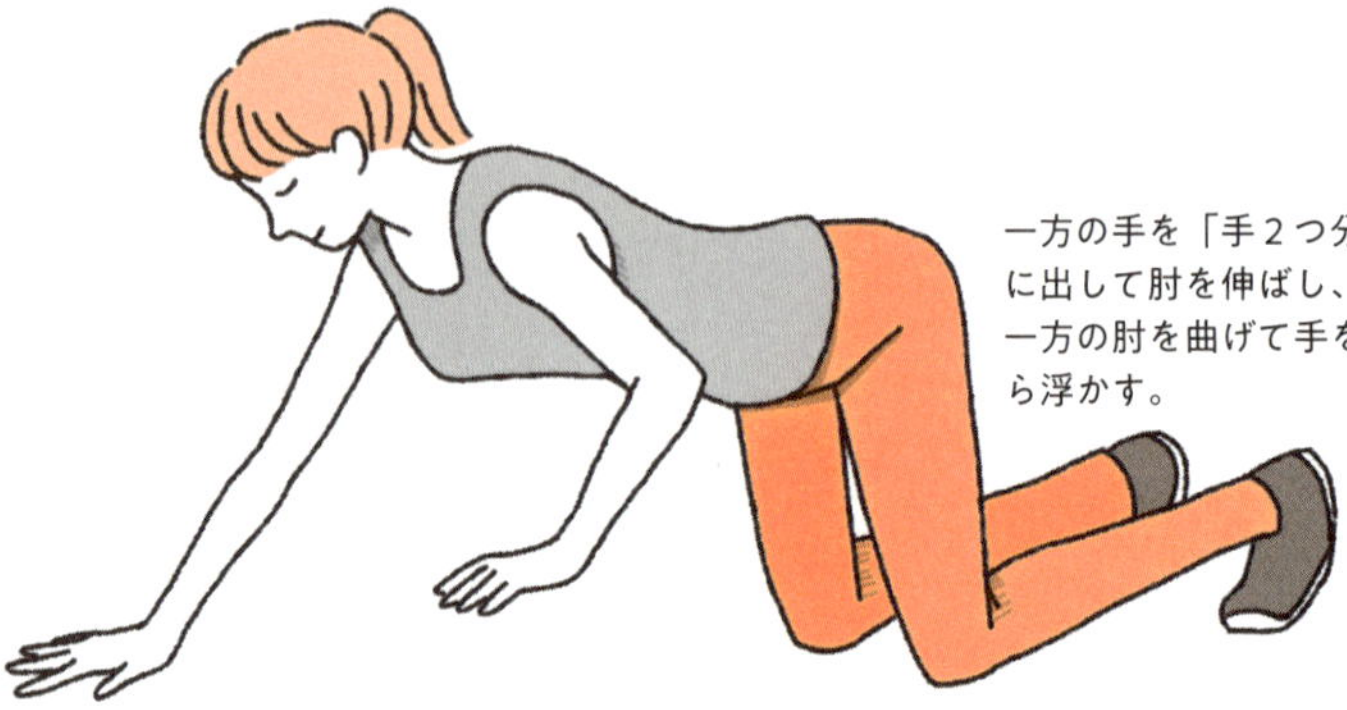

一方の手を「手２つ分」前に出して肘を伸ばし、もう一方の肘を曲げて手を床から浮かす。

1

息を吸いながら2～4秒かけて、前の肘を伸ばして手に力を入れたまま、お尻を後方に引いていく。

NG!

床についた腕の肘を曲げると肩に負担がかかってしまう。

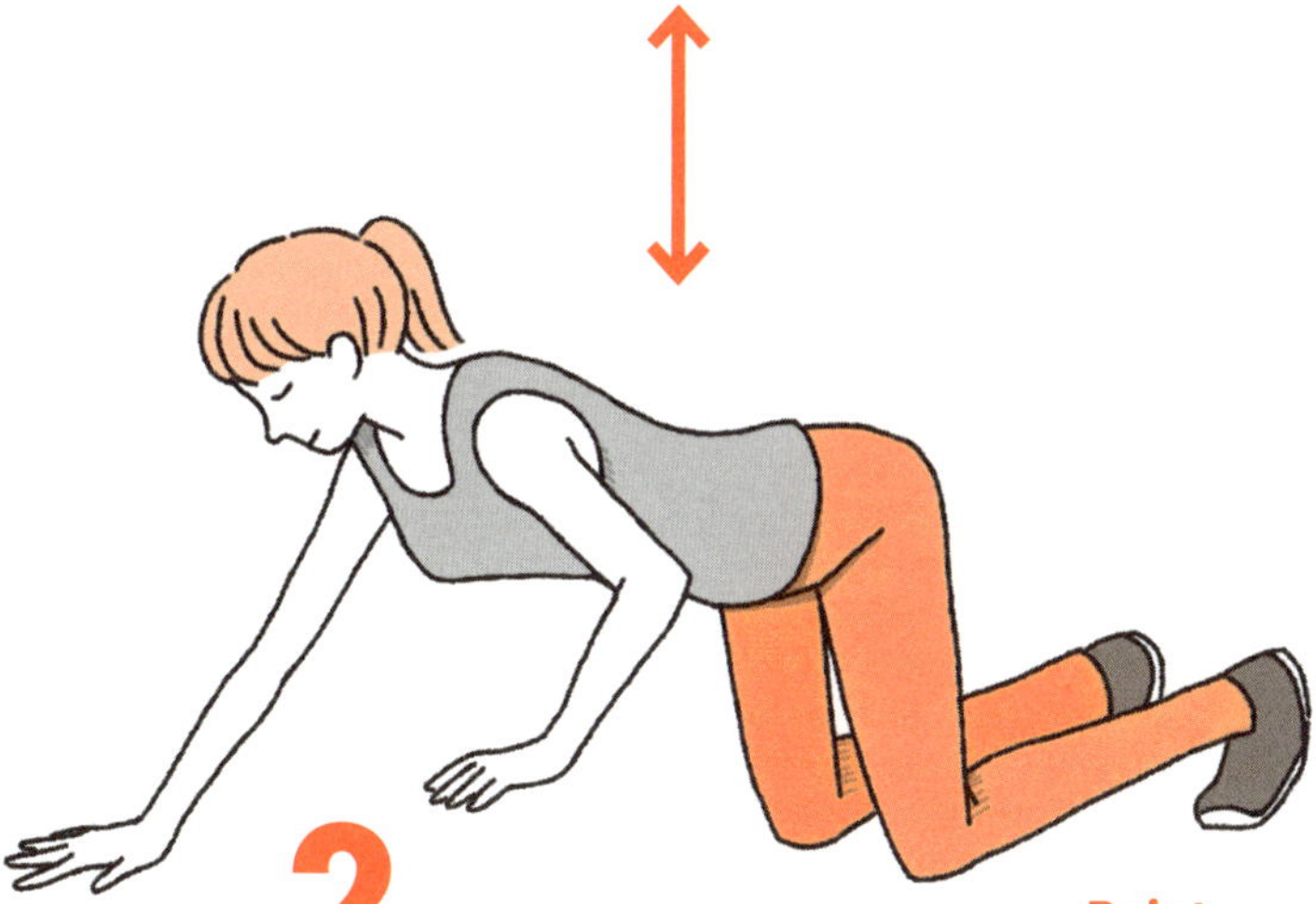

2

息を吐きながら1秒で、手で床を引き寄せるように力を入れながら元に戻る。

Point

後方の手はストッパーとして必ず床に近づけておく。

基本のトレーニング

5.ロウアー・バック

上半身の支柱となる背骨を支える脊柱起立筋を鍛えるエクササイズ。

鍛える部位
腰：脊柱起立筋

回数	セット数	インターバル
6～10回	1～3セット	30～90秒

Prepare＊準備

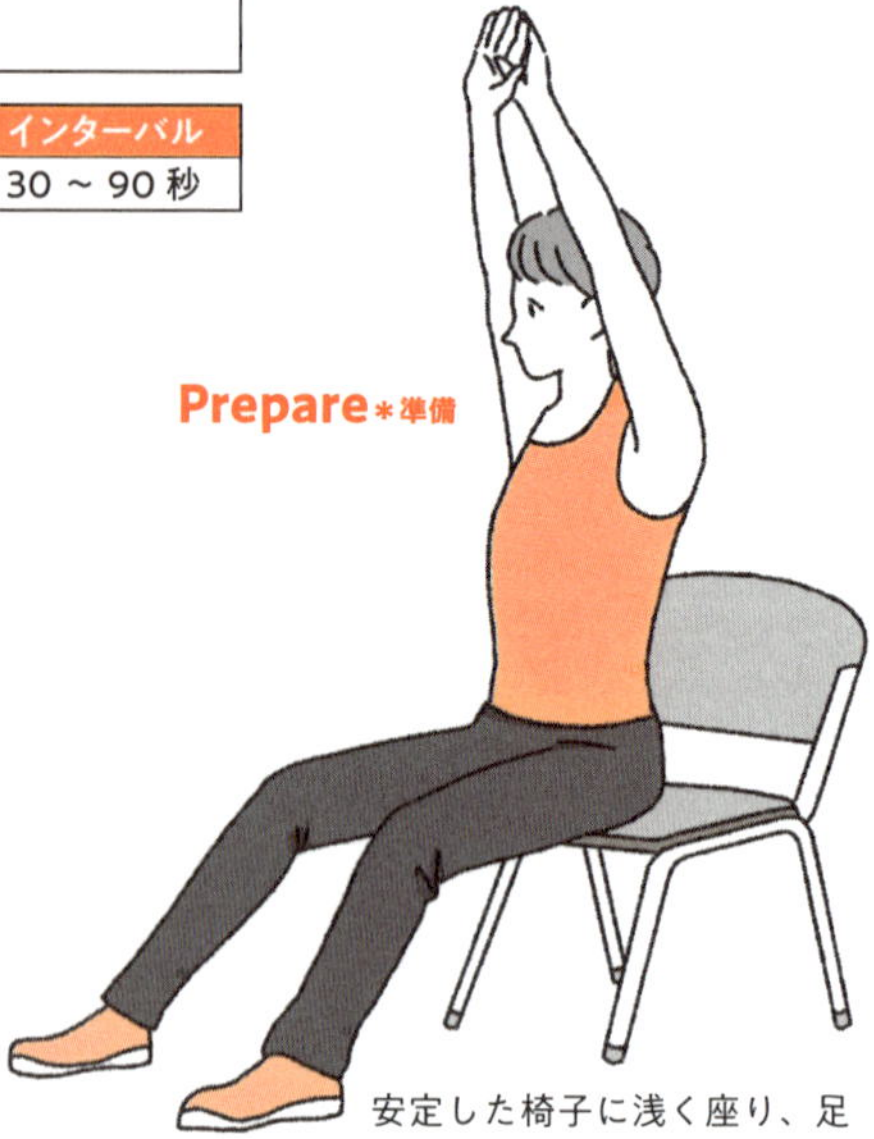

安定した椅子に浅く座り、足を肩幅に開いて背すじを伸ばす。両足は足ひとつ分前に出しておく。

両腕を伸ばして頭上で手を重ね、お尻を軸に60度前傾させる。

1

息を吸いながら２～４秒で、
おへそを軸に背中をできる
だけ丸める。

Point

おへそを軸に、背中をできるだけ丸めて伸ばす。

NG!

両腕の位置を動かすと腰に対する負荷が弱まる。

2

息を吸いながら２～４秒かけて、背すじを伸ばして元の位置に戻る。

基本のトレーニング

6.クランチ

体幹の前面にある腹直筋、腹斜筋を両方鍛え、引き締まったお腹へと導く。

鍛える部位
腹部：腹直筋、外腹斜筋、内腹斜筋

回数	セット数	インターバル
6～10回	1～3セット	30～90秒

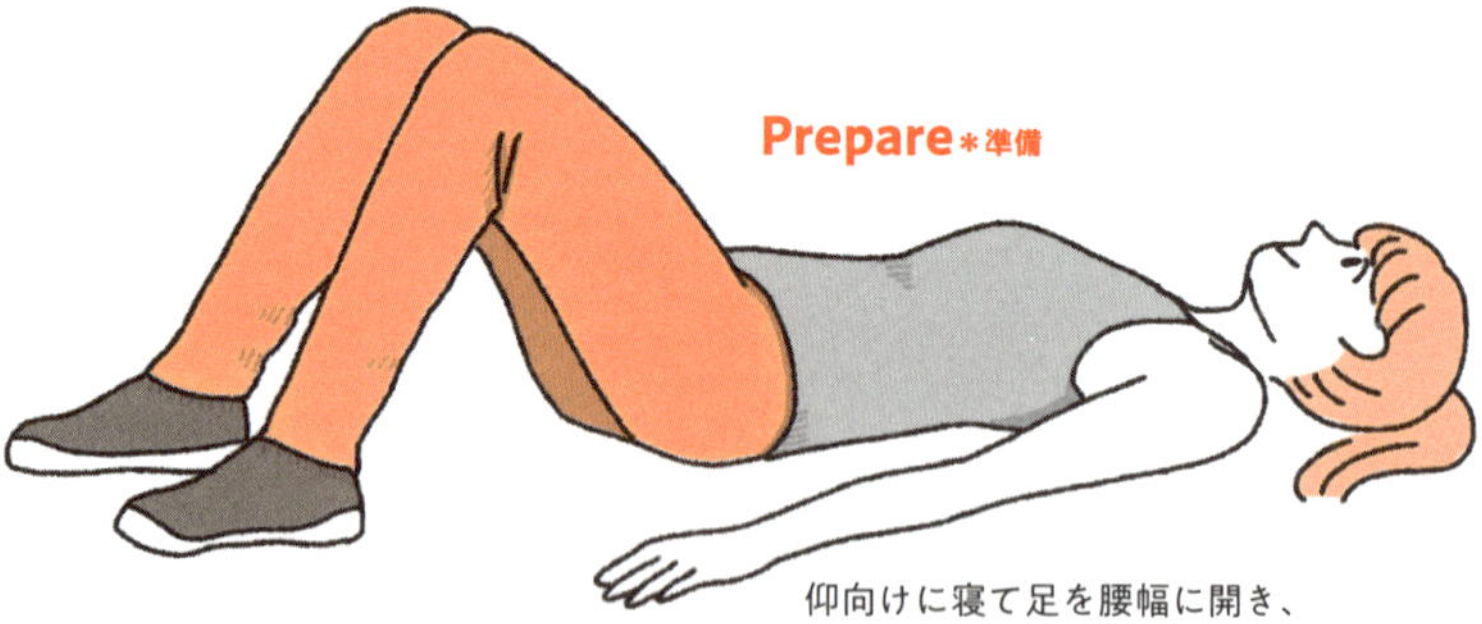

仰向けに寝て足を腰幅に開き、
膝を立てて直角に曲げる。

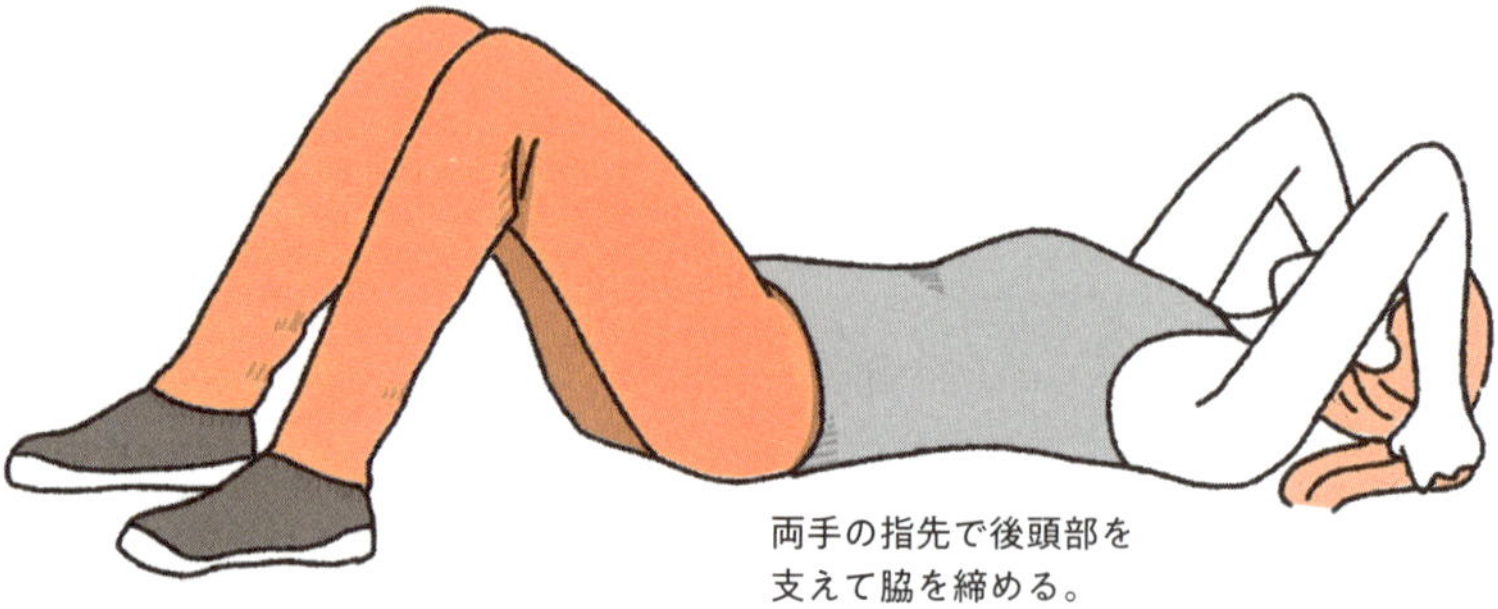

両手の指先で後頭部を
支えて脇を締める。

Point
足が床から浮く手前まで、できる限り背中を丸める。

1

息を吐きながら1秒で、あごを引きながら背中を丸める。

NG!
肘を開いたり閉じたりしない。

2

息を吸いながら2～4秒かけて、頭が床に触れるまで背すじを伸ばす。

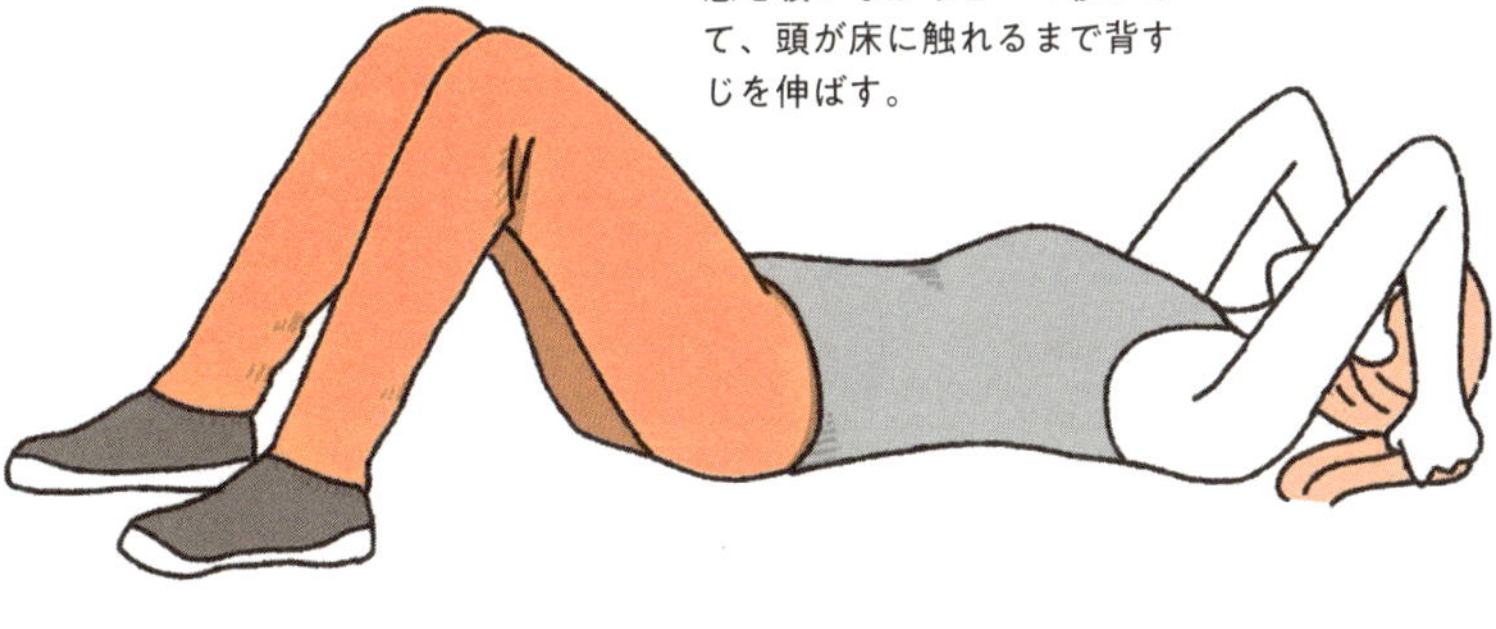

オプショントレーニング

1. サイドレイズ

肩周りの筋肉をつけることで、肩幅がつき、よりウエストがすっきりした印象に。

鍛える部位
肩部：僧帽筋、三角筋

回数	セット数	インターバル
6～10回	1～3セット	30～90秒

Prepare＊準備

足を腰幅に開いて立ち、両手のひらが内側を向くようにダンベルを握る。肘と膝を軽く曲げる。

NG!

膝を伸ばしたり、上半身を前後に動かさない。

Point

親指が真ん中にくる位置でダンベルを握る。

オプショントレーニングは目的に合わせて

基本の6種目が余裕を持ってできるようになれば、徐々に体は若々しく引き締まります。さらに肩幅を広くしたり、腕を鍛えて見た目をよくしたい、という方はここでご紹介するオプショントレーニングを加えてください。筋肉は部位別に大きくできるので3種類すべてでなくても肩だけ腕だけと自分の好みに合わせて取り入れてください。肩や腕は自重では鍛えにくいので、ダンベルを使います。男性は5~10kg、女性は1~5kgが重さの目安。ダンベルは重さを変えられるタイプがおすすめです。

1 息を吐きながら1秒でダンベルが肩の高さにくるまで引き上げる。

2 息を吸いながら2~4秒かけて、ダンベルが腿に触れるまで腕を下ろす。この2つの動作を繰り返す。

オプショントレーニング

2.キックバック

腕の裏側を鍛えることでよりメリハリの効いた腕へとグレードアップする。

鍛える部位
上腕後部：上腕三頭筋

回数	セット数	インターバル
左右交互に6～10回	1～3セット	30～90秒

Prepare＊準備

椅子の横に立って、椅子側の足を一歩後方に引き、反対側の膝を曲げる。前傾して椅子側の手で座面をつかみ、反対の手でダンベルを持って肘を体側につける。

NG!

肘を必要以上に曲げすぎない。

Point

プレートに小指をピッタリと寄せてダンベルを握る。

1 息を吐きながら1秒で肘をしっかり伸ばす。

2 息を吸いながら2～4秒かけて、前腕部が床と垂直になるまで肘を曲げる。この2つの動作を繰り返す。

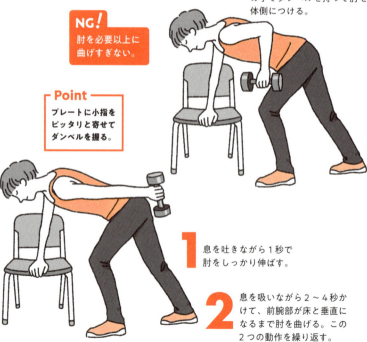

オプショントレーニング

3.コンセントレーション・アームカール

力こぶを作る上腕二頭筋を鍛えて、上半身の筋肉をコンプリートする。

鍛える部位
上腕前部：上腕二頭筋

回数	セット数	インターバル
左右交互に ６～１０回	１～３セット	30 ～ 90 秒

Prepare＊準備

椅子に座って一方の膝を正面に、もう一方の膝を横に向ける。横を向く膝側の手を内腿に置き、反対の手でダンベルを持って肘を内腿につける。肩は肘よりもやや外側に。

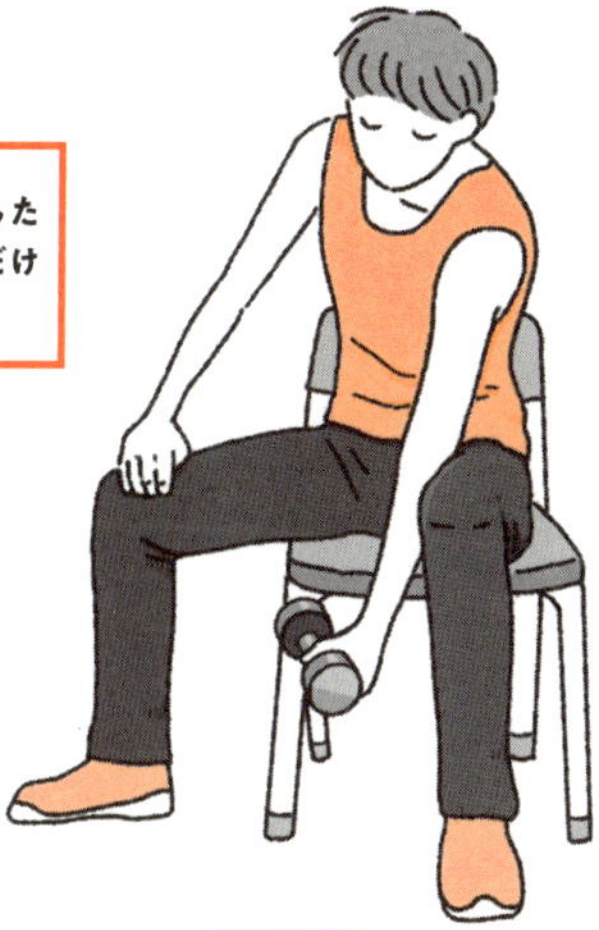

Point

肘の位置を固定したまま、肘から下だけを動かす。

1

息を吐きながら１秒で肘をしっかり曲げる。

2

息を吸いながら２～４秒かけて、肘を伸ばす。この２つの動作を繰り返す。

NG!

上半身を前後に動かさない。

おわりに　体と心がよろこぶ最高の食べ方　それが育筋食です

本書をご覧になっておわかりいただけたと思いますが、育筋食は極端に難しいものでも特殊なものでもなく、筋肉はもちろん体と心の状態を整える健康食です。

日本食は世界に名だたる健康食といわれますが、その典型は高級な懐石料理でも鉄板焼きでも天ぷらでもなく、もっと身近なものです。体がグングン成長し最もタンパク質量も必要となる小中学生時代、みんなが口にしていた食事。そう、学校給食です。

私たちはみんな1日1回、適切なエネルギー量で栄養バランスが整い、バラエティー豊かな一汁三菜の育筋食を食べていたのです。規則正しい時間にゆっくりと、クラスメートと談笑しながら同じメニューを共有して食事を楽しむ。そういった体験を通じて、私たちは食事のあるべき姿を自然と身につけていたはずです。

ですが大人になるにつれ、忙しさにかまけた欠食、好きなものに偏った食事、高カロリーなグルメなどを繰り返し、メディアが取り上げる流行の健康食やダイエット食に右往左往するうちに、いつの間にか食事のあるべき姿がわからなくなってしまうのです。

雑誌やテレビなどのマスメディアで流れる情報は内外のチェック機能が働いているのでかなり良質ですが、怖いのはチェック機能が働きにくい、あるいは全く働かないインターネット。特にここ数年急速に影響力が増しているSNSや動画共有サービスは大問題です。自身が摂食障害であることに気づいていない自称ダイエット専門家、体の変調をひた隠す自称トレーナーたちが栄養学、生理学、心理学などとかけ離れた、効果がないあるいは危険なトレーニング法と食事法を日々大量に流し続けているのです。

この現状を危惧していた折、宝島社からお声がけをいただき、正しい育筋食を一冊の本にまとめる機会をいただいたのは大変幸運でした。

本書の育筋食を少しずつ取り入れて実践する中で、あるべき食事の姿を取り戻していただければ幸いです。偏った食事、エネルギーの多い食事をとった日、楽しめない食事に居心地の悪さを感じたらしめたもの。あなたはすでに体と心がよろこぶ最高の食べ方、育筋食を身につけはじめているのです。理想の体を手にする日は、もう間もなくです。

2019年6月吉日　スポーツ&サイエンス　坂詰真二

● 著者　坂詰真二（さかづめ・しんじ）
NSCA 認定ストレングス＆コンディショニング・スペシャリスト。横浜ＹＭＣＡスポーツ専門学校講師。横浜市立大学文理学部卒。株式会社ピープル（現コナミスポーツ株式会社）でディレクター、教育担当を歴任後、株式会社スポーツプログラムスにて実業団などのチーム、個人選手へのコンディショニング指導を担当。1996 年に独立し「スポーツ＆サイエンス」を主宰。各種指導者へのパーソナル指導、トレーナーの育成、メディアを通じての運動指導を中心に活動中。ベストセラーとなった『世界一やせるスクワット』（日本文芸社）、『やってはいけない筋トレ』（青春出版社）、『坂詰式正しい「筋トレ」の教科書』（カンゼン）など著書多数。

筋肉がよろこぶ最高の食べ方
2019 年 8 月 2 日 第 1 刷発行

著者　坂詰真二
発行人　蓮見清一
発行所　株式会社宝島社
〒 102-8388　東京都千代田区一番町 25 番地
電話（編集）03-3239-0928
（営業）03-3234-4621
https://tkj.jp
印刷・製本　サンケイ総合印刷株式会社

ISBN 978-4-8002-9537-8